Werner Tiki Küstenmacher

Reisen zum Mond

Mit Zeichnungen des Autors

W0170938

Redaktionsschluß: 28.2.2000
1. Auflage Oktober 1997
8. Auflage März 2000
© 1997 Koval Verlag GmbH,
Unterfischach
ISBN 3-931464-15-6

Fotos:
Deutsche Forschunganstalt für
Luft- und Raumfahrt 31, 59,60,
68, 71; Star Observer, Wien 24
Die übrigen Fotos stammen von
NASA, JPL, NSSDC und USGS
Titelfoto: Reinhard Eisele, NASA
(Fotomontage Koval Verlag)

Gestaltungskonzept:
Frieder Grindler
Satz: Koval Verlag
Druck: Freiburger Graphische
Betriebe, Freiburg
Gedruckt auf chlorfreiem Papier

Schreiben Sie uns, wenn Sie
Ergänzungsvorschläge und
Berichtigungen haben; sagen
Sie uns, was Ihnen gar nicht
und was Ihnen besonders gut
gefallen hat:

Koval Verlag
Weilerbachstraße 44
D-74423 Unterfischach
Fax 07973/96 99 30
E-Mail: info@koval.de

Inhalt

Der Autor

Werner „Tiki" Küstenmacher ist evangelischer Pfarrer, zeichnender Autor von über 50 Büchern (darunter der Bestseller „MS-DOSe") und seit frühester Kindheit fasziniert vom Weltall.

Von der Idee, einen Reiseführer zum Mond zu schreiben, war er sofort begeistert. „Nur schade, daß ich über ein Land schreiben muß, das ich noch nie besucht habe", sagt er.

Nach vollbrachter Arbeit fühlt er sich aber fast schon so, als sei er dort gewesen. Und er hofft, daß sich dieses Gefühl beim Lesen überträgt. Denn eins ist ihm klar geworden: Wer zum Mond reist, macht mit Sicherheit die tiefste spirituelle Erfahrung seines Lebens.

Und für die Zukunft hat er vorgesorgt: Er besitzt bereits ein Grundstück auf dem Mond. Wer ihn mal besuchen möchte, es liegt beim Krater Gassendi um die Ecke, in der Nähe des Mare Humorum.

Wir bedanken uns beim Thomas Cook Reisebüro und der Deutschen Forschungsanstalt für Luft- und Raumfahrt für die freundliche Unterstützung.

Auftakt

Die Legende

Als Neil Armstrong, der erste Mensch auf dem Mond, nach der vollbrachten Pioniertat wieder in die Mondfähre einstieg, sprach er den rätselhaften Satz: „Viel Glück, Mr. Gorsky!"

Viele NASA-Mitarbeiter meinten, das sei vielleicht eine Spitze gewesen, die sich gegen einen der rivalisierenden Kosmonauten richtete. Aber weder im russischen noch im amerikanischen Raumfahrtprogramm gab es einen Mitarbeiter dieses Namens.

Jahrzehntelang blieb ungeklärt, was der Astronaut gemeint haben könnte. Anfang 1997, im Anschluß an einen Vortrag in Tampa Bay, Florida, brachte ein Reporter die 26 Jahre alte Frage wieder einmal vor – und erhielt Antwort.

Anscheinend war Mr. Gorsky inzwischen gestorben, und Armstrong konnte endlich die Wahrheit ans Licht bringen.

Als Neil noch ein kleiner Junge war, spielte er mit seinem Bruder im Garten Baseball. Ein Ball landete genau unter dem Schlafzimmerfenster der Nachbarn – Mr. und Mrs. Gorsky. Als sich Neil bückte, um den Ball aufzuheben, hörte er, wie Mrs. Gorsky ihren Gatten anschrie: „Oralen Sex? Du willst oralen Sex?! Du kannst oralen Sex haben, wenn der Nachbarsjunge auf dem Mond rumläuft!"

Betrüblich an dieser Geschichte: Kein Wort an ihr ist wahr, außer daß Neil Armstrong tatsächlich auf dem Mond war. Die Story gehört zur Familie der modernen Legenden („Die Spinne in der Juccapalme") und hat mit Hilfe des Internet rasante Verbreitung gefunden.

Wie bei allen Legenden bleibt die Frage: Ob nicht doch was dran ist ...? Man sieht ihn förmlich vor sich, den alten Sigmund Freud, wie er von seiner Wolke herunterschmunzelt.

Und wieder einmal scheint sich Peter Glasers These zu bestätigen, daß Sex der Hauptantrieb zur Popularisierung aller neuen Techniken ist (Fotografie, Telefon, Video, Internet...).

Eine schöne Erklärung wäre auch, daß der inzwischen 66jährige Armstrong die schlüpfrige Geschichte selber in die Welt gesetzt hat, um den verblassenden Mythos Mondlandung wieder etwas aufzupolieren.

Der Mond hätte das gar nicht nötig. Er ist populärer als je zuvor. Mit ihm wird gegärtnert und ge-

putzt, seine Phasen markieren die besten Tage zum Haareschneiden, Einwecken und Unkraut jäten. Luna, in allen Sprachen außer der deutschen weiblich, ist zum Leitgestirn der Frauenbewegung geworden, das den Rhythmus der Menstruation ebenso regiert wie die Fluten und Ebben der Börse.

Mit der Mondromantik ist es jedenfalls keineswegs zu Ende, wie man nach dem Schock des 20. Juli 1969 geglaubt hatte – als die Bild-Zeitung unvergeßlich titelte: „Der Mond ist ein Ami!" Ein Vierteljahrhundert danach wächst allmählich zusammen, was zusammengehört: das uralte Sehnen nach tiefen Gefühlen und das ewig junge Streben nach Höchstleistungen.

Die Raumfahrt hat ihren Platz gefunden, sie ist erschwinglicher geworden und wird (mit oder ohne Sex) langsam, aber sicher populär. Das sicherste Zeichen dafür: Daß Sie gerade dieses Buch lesen!

Der Traum

Was für ein Reiseziel! Einst wurde es für unerreichbar gehalten. 1948 schilderte Otto Willi Gail in seinem vielbeachteten Buch *Physik der Weltraumfahrt* die technischen Voraussetzungen einer Reise ins Weltall. Dort findet sich der Satz: „Über das Problem der Landung auf einem anderen Himmelskörper wollen wir hier nicht diskutieren; es liegt in noch zu weiter zeitlicher Ferne." Nur 21 Jahre später landete Apollo 11 auf dem Mond.

Weltraumfahrt ist umstritten. Sie ist so unvernünftig wie der Traum vom Fliegen oder wie der Wunsch des Menschen, über die Meere zu segeln. Viele Gründe, von der Ökologie bis zur Wirtschaftlichkeit, von den enormen Gefahren bis zur Gesundheitsbelastung sprechen dagegen. Und doch geht es bei dem unaufhaltsamen Anrennen des Menschen gegen die ihm gesetzten Grenzen nie um ein kühles Abwägen.

Zwölf Menschen waren bisher auf dem Mond, viele hundert haben die Erde im Weltall umrundet, und keiner ist von den Erfahrungen dort oben unberührt geblieben.

Vor allem die Mondfahrer sind durch das Erlebnis allesamt andere Menschen geworden. Sie zogen los, getrieben von wissenschaftlicher Neugier, von Abenteuerlust und Faszination der Technik. Aber als sie zurückkamen, sprachen sie vor allem von der spirituellen Grenzerfahrung, die sie in der riesigen Entfernung von der Erde gemacht haben.

Wir beginnen zu ahnen, welche Vielzahl von Fesseln uns an die Grenzen unserer Erde binden. Und welch ungeahnter Reichtum es sein kann, sich – wenigstens für eine kurze Zeit – davon zu befreien.

Wenn es jemals einen Mondtourismus geben wird (wofür etliches spricht), dann wird der Hauptmotor dafür weder Geld noch Politik oder Wirtschaft sein, sondern dieser unbändige Wille, die Grenzen unserer Existenz zu sprengen.

Warum erst jetzt?

Der Wissenschaftsjournalist Hagen Thorgesson hat darauf hingewiesen, daß zwischen der Erfindung der Dampfmaschine, die die industrielle Revolution eingeleitet hat, und der Landung auf dem Mond gerade mal 280 Jahre vergingen.

Die alten Römer kannten auch schon die Dampfmaschine, verzichteten aber auf ihre Anwendung. Hätten sie diese Erfindung des Mathematikers Hero aus Alexandria weiterentwickelt, müßte spätestens Karl der Große im Jahre 800 nach Christus die Landung auf dem Mond erlebt haben. Thorgessons Fazit: Gemessen an dem, was sie hätte erreichen können, ist die Menschheit unglaublich weit zurückgeblieben.

Im römischen Weltreich hatte kein Mensch Interesse am Weltall. Es bestand angesichts eines großen Angebots an Arbeitssklaven auch kein Bedürfnis nach arbeitserleichternden Maschinen. Ereignisse des technischen Fortschritts werden

> „Ich sage mir immer, daß der nächste Tag schön sein und die Erfüllung meiner Träume bringen wird. Wenn man glaubt, daß man den Mond erreicht, landet man auch dort."
> *Sophia Loren*

erst dann Realität, wenn sie von einer großen Zahl Menschen über längere Zeit beharrlich herbeige-wünscht werden. Das läßt sich an der ständig wachsenden Zahl von Mondfahrtromanen seit 1700 schön zeigen. Den letzten Ausschlag gab – der Krieg.

Im Dritten Reich waren es Hitlers Träume von einer Geheimwaffe, die Deutschland zur internationalen Vorherrschaft bringen sollten. Inter-essant ist ein Kostenvergleich: Wernher von Brauns Entwicklung der vergleichsweise schlichten V2-Rakete kostete umgerechnet insge-samt 2 Milliarden damalige Dollar. Weil keine Fernmeßtechnik und keine Computer zur Verfügung stan-den, blieb den deutschen Entwick-lern nur die Methode von Versuch und Irrtum. Hunderte von teilweise spektakulären Fehlstarts waren not-wendig, bis man das Raketenprinzip einigermaßen im Griff hatte.

20 Jahre danach kostete die Ent-wicklung der Mondrakete Saturn V (pikanterweise ebenfalls unter von Brauns Leitung) so viel wie die Kon-struktion der kleinen V2, wenn man die Kaufkraft vergleicht. Dank aus-gefeiltem Engineering waren nur noch zwei Teststarts nötig, und die gigantische und hochkomplizierte Maschine konnte als sicher genug gelten, um bemannte Kapseln zum Mond zu befördern.

Diesmal war es der Kalte Krieg, der der Raumfahrt den entscheiden-den Schub verlieh: Am 12. April 1961 umrundet der sowjetische Kosmonaut Juri Gagarin als erster Mensch im Weltall die Erde.

Als das der russische Präsident Nikita Chruschtschow als Propagan-daerfolg ausschlachtet, versucht der amerikanische Präsident nur sechs Wochen später, am 25. Mai 1961, das angeschlagene Selbstbild der amerikanischen Nation zu ret-ten: Die USA würden noch vor Ende dieses Jahrzehnts einen Menschen auf den Mond und sicher wieder zur Erde zurückbringen.

Dieser nationale Wille, von einer breiten Mehrheit getragen, war der eigentliche Motor für die rasante Entwicklung, die unter dem selbst-gesetzten Zeitdruck am 20. Juli 1969 tatsächlich das Versprechen einge-löst hat.

Warum nicht Mars?

Nach der spektakulären Landung der Pathfinder-Sonde am 6. Juli 1997 auf dem Mars hat der Traum vom bemannten Flug zum roten Pla-neten wieder Auftrieb bekommen. Warum also – wenn schon träumen – nicht gleich dorthin?

Es gibt mehrere Gründe, die gegen den Marstourismus spre-chen. Nach der „Entdeckung" neuen Lebensraums folgte immer erst des-sen Erkundung und lange darauf schließlich die Kolonialisierung. Diese Phase könnte beim Mond in 10 bis 20 Jahren anbrechen. Beim in

» Angeber! «

diesem Sinne „unentdeckten" Mars wird das noch viel länger dauern.

Zum Mars kann man nicht einfach direkt fliegen, sondern muß wie ein künstlicher Planet auf einer riesigen elliptischen Bahn um die Sonne „Schwung holen".

Das führt dazu, daß nur an wenigen Terminen Marsmissionen durchgeführt werden können.

Die Flug- und Aufenthaltszeiten sind dabei je nach Stellung des Mars zur Erde festgelegt: Stehen beide Planeten in Opposition, dauert der Hinflug 254 Tage, nach 20 Tagen Aufenthalt muß zum 245 Tage langen Rückflug aufgebrochen werden.

Bei einer Konjunktionsstellung dauert der Hinflug 270 Tage, aber erst nach einem 530 Tage langen Aufenthalt auf dem Mars kann man die 209 Tage dauernde Rückreise antreten.

Damit ist klar: Der Mars wird nie ein Urlaubsziel sein können, weil Sie dafür einfach nicht genug Urlaub bekommen! Der rote Planet ist eine Lebensaufgabe, der man mindestens drei Jahre widmen muß.

Dazu kommt der geringe Unterhaltungswert: Den Löwenanteil der Zeit verbringen die Passagiere im offenen Weltraum, ohne spektakuläre Blicke auf Planeten oder andere Himmelskörper.

Auf dem Mars selber hat man das Beste vom Mond nicht: den wunderschönen Blick auf die Erde. Verglichen mit dem Mars ist unser Mond also nicht nur das nähere, sondern auch attraktivere Reiseziel.

Sonnenaufgang über der Erdkugel

Kleine Geschichte des Mondes

Die Entstehung des Mondes war lange Zeit ein Rätsel, und selbst nach der genauen Erforschung durch Astronauten und Landeroboter sind noch nicht alle Fragen geklärt. So ungefähr dürfte es sich abgespielt haben:

Eine kosmische Katastrophe

Es geschah vor etwa 4,6 Milliarden Jahren: Die Erde war noch blutjung, ein gelb glühender Ball aus zähflüssiger Lava, der viel schneller rotierte als heute: 4 Stunden und 40 Minuten dauerte eine Umdrehung.

In jener Zeit gab es noch einen regen Flugverkehr herumirrender kosmischer Brocken. Ein Himmelsobjekt von der Größe eines kleineren Planeten stieß damals mit der heißen Jungerde zusammen, die um eine gewaltige Menge Materie reduziert wurde.

Nach den Gesetzen der Physik kreisten die herausgeschleuderten Brocken und Bröckchen eine ganze Zeit lang um die Erde und ballten sich nach und nach zu einem einzigen Klumpen zusammen – unserem Mond.

Dem Ziel entgegen

Auch wenn Erde und Mond heute sehr unterschiedlich aussehen, sind sie geologisch doch Geschwister.

Meere aus Stein

Die Energie aus den zahllosen Zusammenstößen der einzelnen Mondteile ließ seine Außenschicht mehrere hundert Kilometer tief schmelzen. Die schwereren Elemente sanken, und erst nach 200 Millionen Jahren war die Schale einigermaßen fest.

Währenddessen verlor das System aus Erde und Mond ganz langsam an Energie. Die Erdumdrehung verlangsamte sich, und der Mond ging auf Distanz.

Als er entstand, war der Mond gerade einmal 35.600 km von der Erde entfernt, heute ist es mehr als das Zehnfache. Ein Trend, der anhält: Pro Jahr rückt der Erdbegleiter 3,48 cm von uns ab. Das ist der Preis dafür, daß er auf der Erde die Meere an- und absteigen läßt und dabei Energie verbraucht.

Das Bombardement mit Fragmenten aus dem Sonnensystem ging indes weiter und hinterließ Unmengen großer bis winziger Krater auf der Mondoberfläche. Unter der Haut war der Mond noch lange Zeit flüssig, und die großen Krater füllten sich mit flüssiger Lava.

Früher hielt man diese glatten Flächen für Meere und bezeichnet sie so bis heute. Ganz falsch ist der Name nicht, bestanden diese glatten Flächen ja tatsächlich einmal aus flüssigem Gestein. Beim Abkühlen entstanden eindrucksvolle Risse, Rillen und Spalten. Vor drei Milliarden Jahren kam die innere Aktivität des Mondes zum Erliegen. Die Bombardierung der nicht durch eine Atmosphäre geschützten Oberfläche hielt jedoch an, und so ent-

Der Mond
Fläche: 37.960.000 qkm (7,4 % der Erdoberfläche bzw. 25 % des irdischen Festlands)
Durchmesser: 3.476 km
Äquatorumfang: 10.920 km
Mondvolumen: 21.990.000 km³ (2% des Erdvolumens)
Masse: 73,5 Trillionen Tonnen (1,2% der Erdmasse)
Mittlere Dichte: 60,6 % der Erddichte
Geringste Entfernung von der Erde (Perigäum): 356.400 km
Größte Entfernung von der Erde (Apogäum): 406.700 km
Mittlere Entfernung von der Erde: 384.401 km (= ca. 30 Erddurchmesser)
Mittlere Zeit des Lichtweges Erde – Mond: 1,3 Sekunden
Mittlere Umlaufgeschwindigkeit um die Erde: 3.681 km/h
Temperatur auf der Mondnachtseite: −170 bis −185 ºC
Temperatur auf der Mondtagseite: +130 ºC
Konstante Temperatur in 1 m Tiefe: −35 ºC
Beleuchtungsstärke des Vollmonds, von der Erde aus gesehen: 0,25 Lux
Beleuchtungsstärke der Vollerde, vom Mond aus gesehen: 16 Lux
Einwohner: 0
Besucher: 12 (alle männlich, weiß, US-Amerikaner)

stand eine bis zu zwanzig Metern dicke Schicht aus Staub und lockerem Mondboden.

Durch vereinzelte Einschläge großer Meteore bildeten sich Krater mit ausgeprägten hellen Strahlenkränzen aus ausgeworfenem Material. Einer der jüngsten ist der Krater Tycho, der nur wenig über 100 Millionen Jahre alt sein dürfte.

Der letzte Mondvulkan

Es gibt sogar einen Einschlag, der von Menschen beobachtet wurde. Am 25. Juni 1178 sahen fünf englische Mönche „eine flammende Fackel, die über eine beachtliche Entfernung Feuer, heiße Kohlen und Funken ausspie". Tatsächlich liegt in dem von den Mönchen angegebenen Gebiet, ganz am Rand der beobachtbaren Mondseite, der sehr junge Krater Giordano Bruno.

Einen indirekten Beweis für die Richtigkeit der 800 Jahre alten Sichtung lieferte das amerikanische Apollo-Programm. Astro nauten hatten auf dem Mond einen Spiegel hinterlassen, mit dem genaueste Lasermessungen über die Mondentfernung möglich wurden. Und tatsächlich, der Mond schwingt im Rhythmus von drei Jahren etwa drei Meter hin und her – genau der Effekt, den ein Zusammenstoß vor 800 Jahren erzielt hätte.

Krater allerorten

Sobald man den Mond mit Fernrohren beobachten konnte, gab es Spekulationen über die Entstehung der zahllosen Ringgebirge auf seiner Oberfläche. Sind es erloschene Vulkane oder Trichter, die beim Aufprall von Meteoriten entstanden waren? Erst die Untersuchung durch Raumsonden ergab eindeutig, daß fast alle durch Einschläge aus dem All entstanden sind. Nur einige we-

nige könnten vulkanischen Ursprungs sein.

Schätzungen über die Zahl von Meteoritenkörpern, die in den verschiedenen Epochen durch unser Sonnensystem rauschten, werden durch die Menge der Mondkrater bestätigt.

In der ersten Milliarde von Jahren seiner Exi stenz

wurden Mond und Erde besonders intensiv bombardiert. Auf unserem Planeten ist von diesem frühen Beschuß fast nichts mehr erhalten geblieben. Aber auf dem Mond, wo keine Witterung und keine Verschiebungen seiner Kruste die Spuren verwischen konnten, haben alle Krater überlebt.

Irdische Mondlandschaften

Einer der größten erhaltenen Meteoritenkrater auf der Erde ist das Popigaier Astroblem nördlich von Krasnojarsk. Vor etwa 40 Millionen Jahren muß dort ein kosmischer Körper von mehreren Kilometern Durchmesser niedergegangen sein. Der Abdruck, den er hinterließ, hat 100 km Durchmesser und eine Tiefe von bis zu 250 Metern. Beim Einschlag entstand eine Stoßwelle, die 50 mal stärker war als die höchsten gemessenen Vulkanexplosionen.

Einen katastrophalen Einschlag eines kosmischen Körpers gab es auch in Deutschland.

Vor 14,7 Millionen Jahren raste ein Steinmeteorit von etwa 1 km Durchmesser mit 50.000 bis 100.000 km/h beim heutigen Nördlingen hernieder.

Ein vom Meteor abgespaltenes Bruchstück traf unweit davon bei Steinheim auf die Erde. Durch die Aufprallenergie entstanden Temperaturen von mehreren zehntausend Grad Celsius, wodurch eine Menge Gestein verdampfte. Ein riesiger Gasstrom riß Trümmer bis in die Stratosphäre hoch, die im Umkreis von fast 50 km eine Kraterlandschaft schufen.

Der größere Nördlinger Krater mißt 23 km im Durchmesser, ist 500 m tief und hat einen kratertypischen Zentralkegel. Durch die Schockwelle wurde der Untergrund bis in mindestens 6 km Tiefe zer-

Blick auf Afrika

trümmert, und alles Leben im Umkreis von mehreren hundert Kilometern vernichtet. Im Lauf seiner Geschichte war der Riesenkrater mit einem See gefüllt, der in dem heute trockenen Becken den fruchtbaren Riesboden hinterließ.

In den 60er Jahren kamen auch einige Apollo-Astronauten hierher, um sich ein Bild von den Ausmaßen eines Mondkraters machen zu können.

Orientierung auf dem Mond

Die erste brauchbare Mondkarte lieferte 1651 der Jesuit Giambattista Riccioli, Theologe und Astronom in Bologna. Nach dem Vorbild des Danziger Himmelsforschers Hevelius nannte er die dunklen Flächen „Meere".

Damals herrschte die Ansicht, der Mond beeinflusse das Wetter nach dem einfachen Prinzip: schönes Wetter bei zunehmendem, schlechtes bei abnehmendem Mond.

Deshalb bekamen die Meere auf dem ersten Viertel der Mondsichel Namen wie „Meer der Heiterkeit", „Meer der Ruhe", und die auf dem letzten Viertel im abnehmendem Mond heißen bis heute „Ozean der Stürme" oder „Regenmeer". Von seinem Forscherkollegen Langrenus übernahm Riccioli den Einfall, die Krater nach berühmten Astronomen und anderen Persönlichkeiten zu benennen, und verteilte 200 Namen in historischer Reihenfolge von Norden nach Süden.

Diese Nomenklatur wurde zu Beginn des 19. Jahrhunderts von den deutschen Mondastronomen Schröter und Mädler verfeinert: 427 Bezeichnungen samt Nebenkratern (lateinische Großbuchstaben) und Erhebungen (griechische Kleinbuchstaben).

Danach wurde so viel an den Benennungen der Mondlandschaft herumgedoktert, daß Blagg und Müller 1935 im Auftrag der Internationalen Astronomischen Union

(IAU) eine einheitliche Zuordnung der damals 681 Namen erstellten, die allgemein akzeptiert wurde.

Einen eigenen Mondkrater widmet man seitdem nur noch Personen, die sich außerordentlich um den wissenschaftlichen Fortschritt verdient gemacht haben.

Streit um die Kraternamen

Nach der Aufnahme der Mondrückseite 1959 und der Mondlandung 1969 wurden von der IAU 1970 in Brighton 513 neue Bezeichnungen für Mondformationen angenommen, hauptsächlich für die abgewandte Seite.

Weil die ersten Bilder der *far side* von sowjetischen Sonden aufgenommen wurden, finden sich auf der Rückseite überwiegend russische Forschernamen.

Erstmals wurden dabei auch lebende Personen auf dem Mond verewigt; ganz salomonisch verteilt auf sechs amerikanische Astronauten und sechs sowjetische Kosmonauten.

1973 gab es in der IAU eine Kontroverse um die Sache mit den lateinischen und griechischen Buchstaben (Kepler C ist z.B. ein Kleinkrater in der Nähe des Kraters Kepler), und man beschloß, auch diese Kleinkrater nach und nach mit eigenen Namen zu versehen. Das wurde 1976 wieder teilweise aufgehoben, so daß sich auf vielen Karten bei kleineren Mondgebilden zwei Namen finden.

Bis heute gibt es auf der erdzugewandten Seite 6.231 benannte Krater, davon 801 mit eigenen Namen.

Die übrigen Mondformationen tragen lateinische Bezeichnungen, an denen Sie sich bei der Planung Ihrer Mondausflüge orientieren können.

Mondlatein	
Catena	Kraterkette
Dorsa	System mehrerer Meeresrücken
Dorsum	Meeresrücken
Lacus	See
Mare	Meer
Maria	Meere
Mons	Berg
Montes	Gebirge
Oceanus	Ozean
Palus	Sumpf
Promontorium	Kap
Rima	Rille
Rimae	Rillengruppe
Rupes	Furche oder Riß
Sinus	Bucht
Vallis	Tal

Wo bin ich?

Weil der Mond ein sehr geringes, fast nicht mehr meßbares Magnetfeld hat, hilft Ihnen ein Kompaß beim Marsch durch die unwegsamen Mondlandschaften nichts.

Für die Besiedlung des Mondes, selbst wenn das am Anfang in sehr kleinem Umfang geschieht, ist die Installation eines Satellitensystems unabdingbare Voraussetzung.

Herkömmliche Funkkommunikation ist wegen der fehlenden Atmosphäre auf dem Mond nur auf Sichtweite möglich. Und die ist nicht sehr weit, weil sich die Horizontkrümmung bereits ab 2,5 km bemerkbar macht.

In solche Mondsatelliten wird sinnvollerweise ein Ortungsverfahren integriert (Lunar Positioning System, LPS), so daß für den Mondtouristen bei Erkundungsgängen komfortable Orientierungsmöglichkeiten zur Verfügung stehen.

Ihr Ziel, von der Erde aus gesehen

Der Mond dreht sich während eines Umlaufs um die Erde genau ein Mal um seine eigene Achse. Dadurch zeigt er der Erde immer das gleiche Gesicht. Ein Phänomen, das mit der Erscheinung der Gezeiten zusammenhängt. Die Anziehung des Mondes bildet auf der Wasserhülle der Erde zwei Buckel, einen auf den Mond zu und einen auf der Rückseite der Erde. Weil unser Planet rotiert, verschieben sich diese Buckel auf der Erdoberfläche, und es entsteht eine Flutwelle. Die Wirkung des Mondes gibt es übrigens auch auf dem Festland. Der Boden in Frankfurt am Main hebt und senkt sich im Verlauf einer Gezeitenperiode um etwa 60 cm. Weil sich diese Flut- und Erdwellen entgegen der Rotationsrichtung der Erde verschieben, wird die Umdrehungsgeschwindigkeit unseres Planeten kontinuierlich gebremst. In den frühen Entwicklungsphasen der Erde waren die Tage spürbar kürzer als heute. In einigen tausend Jahren wird der Wunschtraum vieler Manager in Erfüllung gehen und ein Tag endlich 25 Stunden haben.

Die Erde als Bremse

Den gleichen Gezeiteneffekt gibt es auch auf dem Mond, und zwar ent-scheidend stärker, hat doch die Erde 81mal so viel Masse wie der Mond.

Unser dicker Planet hat die Umdrehung des Mondes verhältnismäßig schnell gestoppt, bis diese im Verhältnis zur Erde überhaupt aufhörte. Jetzt ist unser Mond (wie vermutlich manche Monde anderer Planeten auch) gegenüber der Erde auf einer festen Umdrehungsgeschwindigkeit „eingeklinkt".

Libration

Wenn Sie sich von der Erde aus einen Überblick über Ihr zukünftiges Reisegebiet machen wollen, kommen Sie um dieses Fachwort nicht herum. Weil der Mond nicht auf einer genauen Kreisbahn, sondern einer leichten Ellipse um die Erde kreist, verändert sich während eines Umlaufs auch seine Geschwindigkeit. An seinem erdnächsten Punkt ist er am schnellsten. Seine Rotation aber bleibt konstant.

Von seinem erdnächsten Punkt aus beschreibt der Mond ein Viertel seines Umlaufs in einer kürzeren Zeitspanne, als er zur Drehung von 90 Grad um die eigene Achse braucht. Das macht sich für den Beobachter auf der Erde als eine leichte Schwankung nach links bemerkbar und erlaubt einen Blick über den rechten Rand der Mondhalbkugel hinaus. Diesen Effekt gibt es auf der Rückreise in der anderen Richtung.

Zu dieser „Libration in Länge" kommt noch eine „Libration in Breite". Die Rotationsachse des Mondes ist zur Erdumlaufbahn um 6,7 Grad geneigt. Dadurch neigen sich abwechselnd Mondnordpol und Mondsüdpol der Erde zu. Beide Schwankungen in Länge und Breite verlaufen gleichzeitig und bringen immer wieder andere Teile der Mondoberfläche an den sichtbaren Rand der Mondscheibe. Die nicht ständig sichtbaren Gebiete werden zusammenfassend als Librationszone bezeichnet. Dadurch können wir nicht 50%, sondern 59% der Mondoberfläche von der Erde aus beobachten.

Notfalls mit dem Fernsglas

Um nachts auf dem Mond schon mal etwas herumzuschauen, genügt zur Not ein Feldstecher. Achten Sie beim Kauf auf die aufgedruckte Zahlenkombination: Die erste Zahl bezeichnet die Vergrößerung, die zweite den Durchmesser der Frontlinse in Millimeter. 8x50 bietet also 8fache Vergrößerung, und ein Linsendurchmesser ab 50 mm gilt als „Nachtglas", das für Himmelsbeobachtungen besonders geeignet ist.

Das wichtigste Zubehör ist eine kleine Zwinge, mit der Sie das Fernglas an einem Fotostativ befestigen können. Ab 10facher Vergrößerung ist es praktisch unmöglich, das Gerät zitterfrei zu halten und noch irgendwelche Details zu erkennen.

Tips zum Fernrohrkauf

Noch besser bedient sind Sie mit einem richtigen Fernrohr. Auch hier ist das Stativ fast wichtiger als die Optik. Eine 100- oder 200fache Vergrößerung klingt zwar toll, sagt über die Qualität des Fernrohrs jedoch nichts aus.

Ein besserer Anhaltspunkt ist der lichtsammelnde Durchmesser des Objektivs. Er wird in englischen Zoll angegeben, und die Größe drückt sich spürbar im Preis aus. Ein „Dreizöller" ist für Mondgucker eine

brauchbare Größe. Ob Sie ein klassisches Linsenfernrohr (Refraktor) oder ein Spiegelteleskop wählen, ist Geschmackssache. Ein Spiegelfernrohr ist kurz, dick, leicht zu transportieren und günstig herzustellen. Das lange Linsenfernrohr bietet höhere Bildqualität und schindet vor Ihrem Dachfenster auch mehr Eindruck.

Schon bei einem 50fach vergrößernden Fernrohr merken Sie deutlich die Erdrotation: Die Sterne wandern schnell aus dem Blickfeld heraus. Dann bewährt sich ein Stativ mit (teurerer) parallaktischer Montierung. Hierbei läuft eine Achse parallel zur Erdachse, und mit einem praktischen Rad an einer flexiblen Welle können Sie das Gerät „nachführen".

Den schönsten Blick auf Ihr Reiseziel haben Sie übrigens nicht nur bei Vollmond. Am Rand der Hell-Dunkel-Grenze sind die Kontraste jeweils am schönsten, und die Strukturen auf der Oberfläche treten am eindrucksvollsten hervor.

Himalaya

Ein bißchen Raumfahrttheorie

Eines der frühesten theoretischen Probleme der Weltraumfahrt war die Geschwindigkeit, die ein Raumfahrzeug erreichen muß, um der Schwerkraft der Erde zu entkommen.

Die Tempofrage

Um in eine Erdumlaufbahn zu gelangen, sind 7,9 km/sec erforderlich, das sind stolze 28.440 km/h. Für eine Reise zum Mond, bei der das Kraftfeld der Erde vollständig verlassen werden muß, sind sogar 40.320 km/h nötig.

Jules Verne läßt in seinem Roman *Reise um den Mond* ein Projektil aus einem gigantischen Geschützrohr schießen. Keine gute Idee für die Umsetzung in die Wirklichkeit.

Die größte Abschußgeschwindigkeit für irdische Kanonen liegt bei etwa 4.000 km/h. Selbst wenn das zehnfache Tempo erreichbar wäre und das riesige Rohr die immensen Temperaturen überstehen könnte, würde das Geschoß am Luftwiderstand zerschellen und in der Reibungshitze verglühen.

Da sind Sie platt!

Ein weiteres Dilemma ist die Belastungsgrenze des menschlichen Körpers. Geschwindigkeit an sich ist für uns nicht wahrnehmbar. Wir ertragen ohne Beklemmungen die 108.000 km/h, mit der unsere Erde um die Sonne rast.

Fühlbar und gefährlich ist jedoch die Veränderung der Geschwindigkeit. Schon eine Bremsung oder Beschleunigung der Erde um ein Prozent würde alles Leben vernichten.

In Vernes Kanone würden die Passagiere schon in der ersten Sekunde durch die enorme Beschleunigung plattgedrückt werden und könnten den Abschuß schon deshalb niemals überleben.

Ein Geschwindigkeitszuwachs von nicht mehr als 25 Metern pro Sekunde gilt für einen gesunden Menschen als unschädlich. Der dabei entstehende Andruck entspricht dem Zweieinhalbfachen des Körpergewichts (2,5 G, das ist 2,5 mal die normale Beschleunigung im freien Fall, die ca. 10 m/sec beträgt). Die notwendige Abschußgeschwindigkeit wäre damit nach knapp acht Minuten und einer Strecke von 2.500 km erreicht.

In der Praxis dauert es etwas länger, weil der Luftwiderstand zusätzlich bremst. Dafür läßt sich beim Start einer Rakete der Schwung der Erdumdrehung nutzen. Deshalb werden Sie zu Ihrem Raumflug von einem äquatornahen Gebiet starten, weil dort diese Schwungwirkung am größten ist.

Altertümliches Fluggerät: eine Gemini-Rakete

Neuere Ergebnisse der Mondforschung

Eine wichtige Frage für alle Phantasien, den Mond eines Tages zu besiedeln, ist die Suche nach Wasser. Lange Zeit war man sich sicher, daß es keine Flüssigkeitsvorräte auf dem Mond geben könne. Mehrere Milliarden Jahre intensive Sonnenbestrahlung und das Fehlen jeder Atmosphäre müßten eigentlich auch den letzten Tropfen Wasser beseitigt haben.

Die Sensation

Die amerikanische Sonde *Lunar Prospector* aber hat im Beginn des Jahres 1998 aller Wahrscheinlichkeit nach Wasservorkommen an den Mondpolen aufgespürt. Im Aitken-Becken am Südpol und in einigen Kratern des Nordpols gibt es offensichtlich Stellen, die nie vom Sonnenlicht erreicht werden.

Dort haben sich die Reste wasserhaltiger Meteoriten als Eisblöcke erhalten. Das hochempfindliche Neutronenspektrometer des Satelliten hat Werte aufgefangen, die auf Wassereisvorräte in der Größenordnung zwischen 10 und 300 Millionen Tonnen schließen lassen, allerdings verstreut über eine Fläche von bis zu 50.000 Quadratkilometern.

Das Gerät kann Wasservorkommen orten, die bis zu einem halben Meter unter der Oberfläche ruhen. Genauere Daten werden die Instrumente liefern, wenn sich Lunar Prospector während des Jahres 1999 der

»Kaum hat man eine gute Idee – schon sind die Nachahmer da!«

Mondoberfläche bis auf 10 km annähert.

Mondkolonien

Wasser in ausreichender Menge wäre der wichtigste Rohstoff für die Gewinnung von Atemluft und Grundlage für den Anbau von Pflanzen. In Verbindung mit der ausreichend zur Verfügung stehenden Sonnenenergie ließe sich aus Wasser sogar Raketentreibstoff gewinnen. „Die Entdeckung von Wasser macht den Mond zur nach der Erde wertvollsten Immobilie unseres Sonnensystems", meinte dazu der amerikanische Astronom Eugene Shoemaker. Der Astronaut Philip Chapman errechnete für das Zentrum für Weltraumunternehmungen in Scottsdale, Arizona, daß die Wasservorkommen des Mondes einen Wert von 9.000 Milliarden Dollar darstellen.

Die Meinungen sind aber nicht eindeutig. Planetenforscher John Lewis von der Universität Tucson hält die Probleme für unüberschaubar, die der Transport der Wasservorräte von den Polen zu den äquatornahen Siedlungen darstellt: „Meine Berechnungen ergeben, daß die Entdeckung von Wasser an den Mondpolen ein eher nebensächlicher Bodenschatz ist."

Die Katastrophen

Raumfahrt ist ein riskantes Unternehmen, manchmal mit tödlichen Folgen. Die drei Astronauten von Apollo 1 starben während eines Test durch einen Brand in ihrer Kabine, die Besatzungen von Sojus 1 (1967, s. S. 124) und Sojus 11 (1971, s. S. 131) kamen bei der Landung ums Leben.

Die 1970 mißlungene, aber dann noch glücklich zu Ende geführte Mission von Apollo 13 („Houston, wir haben ein Problem") hat es sogar zu einem Hollywood-Film gebracht.

Die größte Katastrophe war 1986 die Explosion der Raumfähre *Challenger* 73 Sekunden nach dem Start. Sieben Astronauten starben.

Mondtourismus

Schon sehr bald nach der Mondlandung im Juli 1969 war klar, daß USA und NASA mit dem atemberaubenden Tempo des Wettlaufs zum Mond nicht weitermachen konnten.

Nicht daß es an nationaler Begeisterung gefehlt hätte. Das Land war in einem Weltraumfieber ohnegleichen. Teure Museen wurden errichtet, ein Flug zum Mars in allen Einzelheiten konzipiert und diskutiert.

Aber das Geld ging aus. 24 Milliarden Dollar hatte das Apollo-Programm gekostet (das ist die Zahl, die am häufigsten genannt wird), und auf dem Höhepunkt 1965 wurde fast ein Prozent des US-Bruttosozialprodukts für die Weltraumfahrt verwendet. Das war auf längere Sicht ökonomisch unmöglich.

Tourismus und Geld

Inzwischen ist die amerikanische Raumfahrt vom Politprojekt zu einem straffen kommerziellen Unternehmen geworden. Die gewaltigen Investitionen in das Space Shuttle zahlen sich allmählich aus. Die USA sind konkurrenzloser Anbieter dieser High-End-Dienstleistungen, und Kunden gibt es genug. In vielen Forschungsbereichen geht ohne Satelliten nichts mehr, und auch die bemannte Forschung im Orbit ist kaum mehr wegzudenken.

Ein wichtiger Schritt auf dem Weg zum Mondtourismus wurde mit dem Beginn der Bauarbeiten an der großen internationalen Raumstation ISS getan. Am 10.12.1998 wurde mit dem russischen Modul Zarya („Einheit") der Grundstein im All gelegt. In den folgenden 45 geplanten Shuttle-Flügen werden über 100 Einzelelemente in die Umlaufbahn gebracht und miteinander verbunden werden, insgesamt 460 Tonnen wertvollstes High-Tech-Material.

≫Das Geschäft blüht dermaßen, daß sie erweitern müssen.≪

2004 soll die 108 m breite und 80 m lange Konstruktion fertig sein, die in einer Höhe von 407 km mit 29.000 km/h die Erde umkreist. Das 20 Milliarden Dollar teure Bauwerk wird dauerhaft sieben Astronauten beherbergen. Erst mit diesem Zwischenstop kann der Gedanke an eine feste Forschungsbasis auf dem Mond ins Auge gefaßt werden.

Daß eine solche Mondstation wissenschaftlich sinnvoll ist, gilt als unbestritten. In den finanziellen Szenarios aber spielt auch das Thema Tourismus eine wichtige Rolle.

Reiche und Spinner zuerst

Mit dem vorliegenden Reiseführer können Sie sich selber ein Bild machen von den Aussichten, jemals als Tourist auf dem Mond zu landen. Es zeichnet sich folgendes Szenario ab: Sobald eine Mondbasis in Angriff genommen wird, dann wird es nach ein paar Jahren auch Mondtourismus geben – weil es für die Betreiber eine grandiose Möglichkeit ist, an Einnahmen zu kommen. Am Anfang werden das Journalisten sein, die von einem Medienkonzern oder einem TV-Kanal bezahlt werden. Oder schwerreiche Abenteurer und Exzentriker.

Der Düsseldorfer Werbe-Altstar und „kosmische Künstler" Charles Wilp („Deutschland im Afri-Cola-Rausch") plant, im Jahre 2007 einen

Die internationale Raumstation ISS

> „Wenn du zu dem sagst, komm,
> wir gehen auf dem Mond eine
> Tasse Kaffee trinken, dann sagt
> der, komm, wir gehen."
> *Joseph Beuys über Charles Wilp*

Kosten

Ein Shuttlestart kostet derzeit zwischen 100 und 500 Millionen DM – je nachdem, ob die mitgeführten Satelliten dabei mitgerechnet werden oder nicht. Das Shuttle könnte mit einer Passagierkabine für bis zu 40 Personen ausgerüstet werden – was also immer noch mit mehreren Millionen DM pro Fluggast zu Buche schlagen würde.

Presseclub auf dem Mond zu errichten und die 2.500 neuen Farben vorzustellen, die es nur im Weltraum gibt. Die nächsten Mondfahrer sind dann vielleicht Gewinner von medienwirksamen Preisausschreiben. Aber eines Tages auch verhältnismäßig normale Reisefreaks, die sich einen langgehegten Traum erfüllen wollen: jemand wie Sie.

In einem späteren Stadium, wenn die Bodenmannschaften reduziert werden und neue Materialien zum Einsatz kommen können, soll ein einfacher Shuttleflug mit ein paar Erdumläufen etwa DM 100.000 kosten, ein Aufenthalt in der Raumstation rund das Doppelte.

Stolpersteine

Eine wichtige Voraussetzung ist, daß es auf dem Weg dorthin nicht zu Katastrophen kommt. Raumfahrt ist nach wie vor ein hochkompliziertes Unternehmen, das mit unvorhersehbaren Risiken befrachtet ist.

Allein der im Orbit vagabundierende Raumfahrtmüll ist eine ständige Bedrohung. Ein großer Meteoriteneinschlag mitten im All, Alptraum seit Beginn der Raumfahrt, kann jederzeit passieren. Dazu die zahllosen kleinen Pannen, die immer wieder zu schweren Unglücken geführt haben. Man stelle sich vor: ein Unglück, bei dem nicht hartgesottene Testpiloten oder risikobewußte Wissenschaftler umkommen, sondern ein zahlender Kunde – die Öffentlichkeit würde den Sinn der Weltraumfahrt grundlegender hinterfragen, als das jemals bisher der Fall war. Allein deswegen wird es Weltraumtourismus erst geben, wenn die Pionierphase vorbei und ein hohes Maß an Routine erreicht ist, etwa so wie inzwischen bei den Shuttleflügen.

Verläßliche Kostenschätzungen für die Reise zum Mond sind noch in weiter Ferne. Erst wenn die Infrastruktur Raumstation – Mondumlaufstation – Mondbasis geschaffen ist und zuverlässig funktioniert, dürfte sich die „Mitbenutzung" dieser Einrichtungen durch zahlende Passagiere finanziell kalkulieren lassen. Gregory R. Bennett vom Ar-

> „Der Weltraum besitzt eine Klarheit und Leuchtkraft, wie es das auf der Erde überhaupt nicht gibt, nicht einmal an einem wolkenlosen Sommertag im Hochgebirge. Nirgendwo kannst du die Majestät unserer Erde vollkommener erfassen. Nirgendwo kannst du so von Ehrfurcht erfüllt werden von dem Gedanken, daß sie nur einer ist von unzähligen Tausenden von Planeten."
> *Gus Grissom (Mercury 4, Gemini 3)*

temis Project rechnet für 2025 mit einem Ticketpreis zwischen 25.000 und 200.000 US-Dollar für die komplette Mondreise. Allerdings bei vielen optimistischen Annahmen: Daß es gelingt, auf dem Mond selbst Raketentreibstoff herzustellen, daß in der Erd- und der Mondumlaufbahn Raumstationen existieren, und daß es ein wirtschaftliches, komplett wiederverwendbares einstufiges Transportsystem von der Erde zur Erdraumstation gibt.

Letzteres scheint das größte Hindernis zu sein, denn die physikali-schen Gesetze werden sich nicht ändern: die enorme Energie, die erforderlich ist, um dem Schwerefeld der Erde zu entkommen, und die gewaltigen thermischen Probleme beim Wiedereintritt in die Atmosphäre. Ehemalige NASA-Mitarbeiter, die sich inzwischen mit eigenen Firmen selbständig gemacht haben, arbeiten jedoch an einstufigen, wiederverwendbaren Raumfahrzeugen, die ähnlich wie Düsenjets betrieben werden und mit denen die Kosten pro Start auf unter 2 Millionen Dollar gedrückt werden sollen.

Reisevorbereitungen

Reservierung

Daß man eine Mondreise nicht spontan antreten kann, ist klar. Die ausgesprochen frühzeitige Reservierung hat bei dieser Form des Tourismus eine lange Tradition.

3.000 Freiwillige 1929

Am 30.9.1929 wagte Fritz von Opel auf dem alten Flugplatz von Frankfurt am Main den ersten Flug mit Raketenkraft. Das Flugzeug war ein 150 kg schweres Hatry-Segelflugzeug, mit Sander-Pulverraketen von 900 kg Schubkraft ausgestattet.

Auf einem gewaltigen Feuerstrahl donnerte Opels Wunderwerk um das halbe Flugfeld, bis es von einer Bö zu Boden gedrückt und zertrümmert wurde. Wie durch ein Wunder blieb der Pilot unverletzt.

Aber der Traum vom Raketenflug ins Weltall hatte enormen Auftrieb erhalten. In den Opel-Werken gingen pausenlos Briefe ein: Über 3.000 Menschen boten sich als Versuchsfahrgast für den ersten Mondflug an.

6.000 Reiselustige heute

In der Mitte des 19. Jahrhunderts erfand der Brite Thomas Cook die Pauschalreise und verstieg sich schon damals zu der Vision, daß er eines Tages Tickets für Mondflüge verkaufen werde.

1954 griff sein Unternehmen Thomas Cook Tours „als serviceorientiertes Unternehmen" die Idee auf und installierte die erste offizielle Warteliste für Mondflüge, das *Moon Register*.

Auf Platz 1 der Liste steht der inzwischen verstorbene Australier Bertrand Cox, der sich aber versichern ließ, daß die Reservierung vererbbar ist. Weder der Reiseveranstalter noch der Kunde gehen dabei eine Verpflichtung ein – aber im Falle eines Falles wäre man unter den ersten.

1992 belebte Christiane Wronski, PR-Managerin bei der deutschen Niederlassung von Thomas Cook, das *Moon Register* neu und landete einen Volltreffer: Rund 6.000 Menschen haben sich bislang auf die Warteliste setzen lassen (Schutzgebühr von DM 10,–). Ein Frankfurter Paar möchte unbedingt seine Hochzeitsreise auf dem Mond verbringen und hat es mit diesem festen Vorsatz immerhin schon zu Auftritten in mehreren Talkshows gebracht. Aber die Warterei dauerte wohl doch zu lange: Inzwischen ist das Paar bereits wieder geschieden.

Eine weitere Warteliste für Mondpassagiere rief die US-Fluggesellschaft Pan Am 1964 ins Leben. Über 40.000 Interessenten ließen sich den scheckkartengroßen Ausweis des *First Moon Flight Club* schicken, ganz stilecht mit laufender Nummer und der Unterschrift des PanAm-Vizepräsidenten James Montgomery. Kleiner Wermutstropfen: Ende der 80er Jahre mußte das amerikanische Luftfahrtunternehmen Konkurs anmelden. Was aber, wie der Firmensprecher versicherte, nichts mit den ehrgeizigen Weltraumplänen zu tun hatte.

Damit ist Cooks *Moon Register* die einzige gültige Liste. Gegen Beilage der Schutzgebühr in bar oder als Verrechnungsscheck erhalten Sie Ihr Zertifikat bei:

Thomas Cook Reisebüro
Marketing-Abteilung
Adlerstraße 74
40211 Düsseldorf
Tel. 0211/36 65-381
Fax 0211/36 65-383

Gesundheit

Voraussetzungen

Für einen Raumflug genügt normale Gesundheit. Eine Altersgrenze gibt es bisher nicht. Besonders Herz und Kreislauf müssen in stabilem Zustand sein. Gründe für einen Ausschluß wären Epilepsie, Höhenangst, extremes Übergewicht oder erhöhte Neigung zu Schwindel. Eine der Seekrankheit ähnliche Übelkeit ist das häufigste von der Schwerelosigkeit verursachte Leiden, das auch erfahrene Astronauten befallen kann. Die herkömmlichen Medikamente helfen wenig.

Wie bei allen Reisen in extreme Gebiete können Sie mit der Vorbereitung darauf gar nicht früh genug anfangen.

Testen Sie sich selbst

Seit 1995 bietet das Pariser Euro Disney Resort mit dem *Space Mountain* eine von Jules Vernes Mondfahrt inspirierte Attraktion an: eine Achterbahn, bei der man mit einer

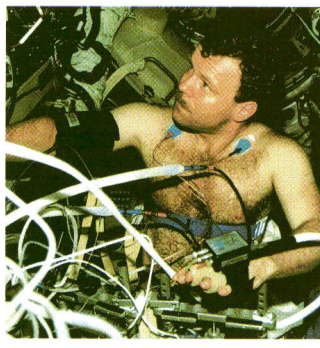

Reinhold Ewald bei einem medizinischen Experiment an Bord der Mir

Startgeschwindigkeit von 70 km/h in totaler Finsternis durch drei Loopings geschossen wird, angereichert mit künstlichen Asteroiden und diversen Spezialeffekten.

Kein echtes Raumfahrttraining, aber eine erste Selbstprüfung: Wenn Sie den Nervenkitzel und die Beschleunigungskräfte solcher Apparaturen nicht vertragen, nehmen Sie von den Strapazen einer Weltraumreise lieber gleich Abstand.

Ein guter Test für die eigenen körperlichen und nervlichen Fähigkeiten ist Fallschirmspringen, früher üblicher Bestandteil eines Astronautentrainings. In der späteren Phase des Weltraumtourismus wird es wohl keine Voraussetzung mehr sein, wird aber von Spezialisten weiterhin empfohlen.

Auch Tauchen ist eine nützliche Vorbereitungssportart für Astronauten. Das Bewegen unter Wasser ähnelt dem Leben in der Schwerelosigkeit. Außerdem gewöhnt sich Ihr Organismus an den reinen Sauerstoff, den Sie bei Mond- und Weltraumausflügen atmen. Bisher verlangen alle Raumfahrtbehörden von den Astronautenkandidaten die Vorlage des Profi-Tauchscheins.

≫Keine Panik, Herrschaften. Das ist nur Mr. Jackson, frisch operiert!≪

Mentales

Fast noch wichtiger als die körperlichen Voraussetzungen ist Ihr fester Wille, sich auf das Abenteuer Mond einzulassen. Wenn Sie nur aus Rücksicht auf Ihren Partner mitfliegen und selber gar nicht wollen, sollten Sie es besser lassen.

Von den Belastungen und der inneren Struktur her ist die Reise zum Mond eher mit einer abenteuerlichen Expedition zu vergleichen als mit einem touristischen Angebot. Von jedem Teilnehmer wird gleichsam militärische Disziplin verlangt. Sie müssen sich dem Flugpersonal in einer Bedingungslosigkeit unterordnen, wie das selbst bei Extremtouren auf der Erde niemals erforderlich ist.

Stellen Sie sich das Ganze so vor wie die Passagierkabinen auf einem Frachtschiff. Sie sind nicht der Hauptzweck der Reise. Die Flüge zur Mondbasis müssen regelmäßig durchgeführt werden, und wenn Platz für Passagiere ist, werden Sie an Bord eher geduldet als willkommen geheißen.

Sie sind Fremdkörper in einer aufeinander eingespielten Gemeinschaft, Grünschnabel in einer professionellen Insider-Gesellschaft. Auch wenn Sie vermutlich eine enorme Summe für Ihren Sitzplatz gezahlt haben, können Sie nicht auf Privilegien pochen.

Diese mentale Belastung einer Zweiklassen-Gesellschaft wird selten thematisiert werden, aber immer im Hintergrund mitschwingen. Profi-Astronauten sind durch ihre lange militärische oder militärähnliche Ausbildung hartgesottene Burschen (und Frauen).

Es ist durchaus denkbar, daß es den einen oder anderen Ritus geben wird, mit dem Sie sich die Anerkennung dieser Gruppe erst verdienen müssen. Dann aber kann zu der einzigartigen Erfahrung des Weltalls auch noch ein intensives und beeindruckendes Erlebnis von Gemeinschaft kommen.

Trainingslager

Warum warten? Zünftige Möglichkeiten, sich auf den Weltraumflug einzustellen, gibt es schon jetzt. Was Sie dafür mitbringen müssen: Normale Fitness, halbwegs gute englische Sprachkenntnisse und – später für den Ernstfall Mondreise ohnehin das Wichtigste – genug Geld.

Weniger wichtig sind technische Kenntnisse der Raumfahrt. Was Sie in diesem Reiseführer lernen, ist für das Astronautentraining mehr als ausreichend.

Spacecamp Huntsville

Eine eindrucksvolle Show erwartet Sie in Huntsville, Alabama. Das U.S. Space & Rocket Center ist das größte Raumfahrtmuseum der Welt und beherbergt das offizielle Besucherzentrum des NASA Marshall Space Flight Center.

Hier steht die Originalrakete, mit der der erste Amerikaner ins Weltall flog, und die gewaltige Saturn V, mit der der Flug zum Mond gelang. Im Spacedome Theater können Sie im IMAX-Format eine Mission zum Mars erleben.

Daneben gibt es einen Simulator für robuste Naturen, in dem Sie angeblich bis zum Vierfachen Ihres Körpergewichts beschleunigt werden (mehr als Sie beim Shuttleflug vertragen müssen).

Der neuentwickelte Schwerelosigkeitssimulator „Space Shot" soll das Schwebegefühl im All vermitteln.

Space & Rocket Center
One Tranquility Base
Huntsville, AL 35805, USA
Tel. 001-1-800-63SPACE
E-Mail: resv1@spacecamp.com
www.msfc.nasa.gov

Space Academy

Weit intensiver wird das Erlebnis, wenn Sie das dreitägige Weltraum-Training der US Space Academy in Huntsville buchen. Unter der Anleitung mehrerer Trainer wird ein internationaler Teilnehmerkreis auf seine „Mission" vorbereitet: Space Shuttle starten, andocken, ein Satellitengerüst im All zusammenschrauben und wieder landen.

Das findet statt in verschiedenen Simulatoren: einem Shuttle-Nachbau, in dem auch die Vibrationen des Starts nachgeahmt werden, einem Multi-Axis-Trainer, auf dem Sie um drei Achsen tüchtig durchgebeutelt werden, und dem Five-Degrees-of-Freedom-Chair, auf dem fünf von sechs Bewegungsachsen der Schwerelosigkeit imitiert werden – nur eben die völlige Freiheit in vertikaler Richtung nicht.

Die Veranstalter erheben keinen Anspruch, daß Sie dadurch ein rich-

tiger Astronaut werden. Das Ganze ist vom berühmten amerikanischen Spaß an der Freude durchzogen, verletzen kann sich niemand, und selbst unsportliche, übergewichtige Aspiranten kommen auf ihre Kosten.

Die sechstägige Reise inkl. 3 Tage Space Academy und Übernachtung im Doppelzimmer kostet rund 3.500 DM. Anschlußreisen innerhalb der USA werden angeboten. Buchen können Sie bei

Thomas Cook Direkt (Call Center)
Hahnstr. 68
60528 Frankfurt/M
Tel. 069/66 444-110
Fax 66 444-269
www.spacecamp. com/programs

Spacecamp Titusville

Auch am Sitz des NASA Kennedy Space Center in Florida haben die Amerikaner einen ihrer beliebten Themenparks errichtet. Neben einer Art Ruhmeshalle für Astronauten, einem Planetarium und einem IMAX-Kino gibt es einen spekta-

kulären 3D-360-Grad-Flugsimulator und einen speziellen Space-Shuttle-Simulator.

Auch hier wird versprochen, daß man an einer „Zero G Wall" das Gefühl der Schwerelosigkeit erleben kann. Die größte Attraktion von Titusville verlangt längerfristige Planung und etwas Glück: Hier kann man, aus ehrfürchtigem Abstand, einen Start des Space Shuttle ganz real miterleben.

www.spaceportusa.com

Spacecamp Mountain View

Das kleinste der drei Besucherzentren gehört zum Ames Research Center der NASA in Mountain View, Kalifornien. Wie immer werben die Veranstalter am liebsten mit einem Rekord: diesmal ist es der größte Windkanal der Welt.

Auf einem Stück künstlicher Marsoberfläche dürfen Sie (wenn Sie lange genug Schlange stehen) den Marsrover fernsteuern. Es gibt auch hier die Zero-G-Wand und einen

„Space Station Mobility Trainer", alles relativ harmlose Konstruktionen, in denen sich Versuchspersonen ein wenig herumwirbeln lassen können.

NASA Ames Research Center
Mail Stop 223-3
Moffett Field, CA 94035-1000, USA
Tel. 001-415-604-6497
E-Mail: tourstaff@mail.arc.nasa.gov
www.arc.nasa.gov/

Star City, Moskau

Eine ganze Ecke realistischer zur Sache geht es im russischen Kosmonauten-Spacecamp. Das bedeutet unter anderem: viel theoretischer Unterricht, wenig reine Spielereien.

Das Programm der 18tägigen Reise führt ins Herz der einst streng geheimen russischen Raumfahrt. Bei einem Besuch im Kontrollzentrum Kaliningrad/Korolev kann man (vorher vorbereitete) Fragen an die gerade im Orbit befindliche Mir-Station stellen. Im Institut für medizinische und biologische Probleme der Raumfahrt wird man von Rekord-Kosmonaut Valery Polyakov höchstpersönlich instruiert. Kein Mensch war länger im All als er. Bei einem Ausflug nach St. Petersburg wird unter anderem das berühmte Luftwaffenmuseum Monino besucht.

Schwerpunkt ist eine Kurzausbildung im Juri-Gagarin-Zentrum, wo man auch das aktuelle Trainingsprogramm der russischen und internationalen Kosmonauten bewundern kann. Nach einem kurzen Gesundheits-Check werden Sie in Vorträgen und verschiedenen Simulatoren auf das Leben im All vorbereitet. Mit dem Raumanzug „Orland" gibt es im luftleeren Raum ernsthaftes EVA-Training (Extra Vehicular Activity, zu deutsch „Weltraumspaziergang").

Einer der Höhepunkte ist wirkliches Schwerelosigkeitstraining in einer speziell ausgestatteten Iljuschin IL-76 MDK.

In 6.000 m Höhe steigt die Maschine mit 45 Grad nach oben. Dabei werden Sie mit 2 G auf den Boden der stuhllosen Kabine gedrückt. Dann setzt der Pilot zu

einem 45-Grad-Sturzflug an, und während der dabei ausgeführten Parabolkurve herrscht in der 25 m langen und 3 m hohen, rundherum gepolsterten Kabine 25 Sekunden lang absolute Schwerlosigkeit. Das Erlebnis beschreiben alle Kandidatinnen und Kandidaten als großartig.

Die Schwerkraft setzt sehr plötzlich und mit 2 G wieder ein. Ein Instruktor sorgt dafür, daß alle rechtzeitig wieder auf dem Flugzeugboden sind, sonst kann es böse Prellungen geben.

Es werden 10 Parabeln hintereinander geflogen, was ein guter Test für die eigene Kondition ist. Es gibt immer Teilnehmer, die die großzügig bereitgestellten Spucktüten in Anspruch nehmen müssen (im Astronauten-Jargon heißen die Flugzeuge auch „Kotzbomber").

Je nach Witterung gehört manchmal auch eine nächtliche Orientierungsübung im Freien dazu, abgeschlossen mit zünftigem Lagerfeuer, seelenvollen russischen Liedern und ausreichend Alkohol. Es wird zwar darauf hingewiesen, daß Sie bei schwerem Alkoholkonsum vom Training ausgeschlossen werden können.

Auf der anderen Seite wird von den Gastgebern erwartet, daß Sie sich den Landessitten anpassen und bei den abendlichen lockeren Runden getränkemäßig mithalten – sonst taugen Sie aus russischer Sicht kaum zum Kosmonauten.

Krönender Abschluß ist die Überreichung einer Urkunde „Cosmonaut Graduation Certificate" in englischer und russischer Sprache.

Buchbar bei:

Apollo Aerospace International, Inc.
P.O. Box 11461, Daytona Beach, Florida 32120, USA
Tel. 001-904-304-1245
Fax 001-904-304-3025
www.apollo-aerospace.com/training_school.html
E-Mail: njsimatos@apollo-aerospace.com
Kosten (inkl. Flug von USA):
$7.500

Oder Sie bewerben sich bei der Zigarettenmarke West, die alljährlich mehreren jungen Kandidaten eine Kosmonautenausbildung in Star City sponsort:
www.west.de

Cité de l'espace, Toulouse

Am 28. Juni 1997 wurde in der Hauptstadt der europäischen Raumfahrtindustrie, dem südwestfranzösischen Toulouse, der erste europäische Weltraumpark eröffnet.

Unter der Patenschaft der französischen Raumfahrerin Claudie André-Deshays bietet dieser Vergnügungspark mit Kultur- und Bildungsanspruch 140 „interaktive Elemente" mit fundiertem wissenschaftlichem Inhalt: ein originalgroßes Modell der Ariane-Rakete, einen Abschuß-Simulator, Planetarium, 3D-Filme, eine echte Sojus-Kapsel, Asteroiden zum Rumklettern usw. Zwei Hallen sind speziell auf den Empfang von Schülergruppen eingerichtet. Für die europäische Raumfahrt, die sich in Sachen Öf-

fentlichkeitsarbeit eine dicke Scheibe bei der NASA abschneiden könnte, ist dieser fast 40 Millionen DM teure Park ein erfreulicher Fortschritt.

La Cité de l'espace
4 rue Maryse-Hilsz
Toulouse, Frankreich
Tel. 0033-5 62 71 64 80

Training auf eigene Faust

Eine einfache Einrichtung zur Vorbereitung auf die Widrigkeiten der lunaren Landschaft bietet die *Oregon Moonbase* in der Nähe des Städtchens Bend im US-Bundesstaat Oregon.

Lavaröhren, vulkanischer Staub und ausgedehnte Basaltflächen bieten eine ganz brauchbare Analogie zum Mondgestein Regolith. Auf der Moonbase, die vom *Oregon Museum of Science and Industry (OMSI)* gesponsort wird, testeten verschiedene Firmen ihre Prototypen von Mondfahrzeugen.

Andere mondähnliche Formationen finden sich am Südhang des Mount St. Helens im US-Bundesstaat Washington, vor allem die *Ape Cave* und die Höhlen westlich der Stadt Trout Lake im Gifford Pinchot Nationalpark oder in der Wüste von Nevada (siehe Koval Reiseführer *Las Vegas*, S. 24).

Auch auf den Kanarischen Inseln, in Korea und auf Hawaii (Big Island) gibt es mondähnliche vulkanische Landschaften, in denen sich Raumanzüge und anderes Mondequipment ausprobieren lassen.

Die beste Adresse zur Kontaktaufnahme:

L5 Research Team of the Oregon L5 Society
c/o Bryce Walden, P.O. Box 86
Oregon City OR 97045-007, USA
E-Mail: Bwalden@aol.com

Verkehrsmittel

Ihr Fluggerät steht im wesentlichen fest: Sie reisen in einem Raumschiff der

Space Shuttle-Klasse

Wohl kaum in einem der drei Exemplare, die seit 1981 ihren Dienst tun, aber einem sehr ähnliches Transportmittel. Die enorme Entwicklungszeit und die damit verbundenen Kosten werden es kaum zulassen, in absehbarer Zeit etwas Neues zu entwickeln.

1972 hatten die Amerikaner beschlossen, anstelle der gigantischen Wegwerfraketen des Apollo-Programms ein wiederverwendbares Transportsystem für die Raumfahrt zu konzipieren.

Eine Entscheidung, die die Weltraumfahrt um fast ein Jahrzehnt zurückwarf: Der gesamte Etat konzentrierte sich auf das teuerste Stück Technik, das je vom Erdboden abhob. Auf dem Höhepunkt 1977 arbeiteten über 50.000 Menschen am Space Shuttle.

Einstufige Träume

Es gibt immer wieder hochfliegende Pläne für ein anderes, einstufiges Raumfahrzeug (Single Stage To Orbit, SSTO). In Kalifornien werkeln mehrere Firmen, gut ausgestattet mit ehemaligen NASA-Ingenieuren, an hochfliegenden Konstruktionen, die die Startkosten von derzeit $60 Millionen auf unter $2 Millionen senken sollen.

Für den begrenzten Markt, den die bemannte Raumforschung derzeit darstellt, reichen die vorhandenen Shuttles aus. Aber wer weiß – vielleicht wird eines Tages der lunare Bergbau oder sonst eine noch unentdeckte Technologie die Entwicklung anheizen.

Die russische Raumfahrt hat mit dem Shuttle *Buran* (das dem amerikanischen Vorbild zum Verwechseln ähnlich sieht) und der dazugehörigen Rakete *Energija* ebenfalls ein fix und fertig entwickeltes System, das nur auf Interessenten wartet. Derzeit ist es wegen akutem Geldmangel eingemottet.

Treibstoff satt

Ihr Shuttle wird mit dem wirksamsten Treibstoff betrieben, der physikalisch möglich ist: Flüssigsauerstoff und Flüssigwasserstoff. Zusammen ergeben sie das hochexplosive Knallgas. Damit nicht der ganze Tank auf einmal explodiert, muß der Wasserstoff chemisch modifiziert werden.

Etwas unpraktischeres als Wasserstoff ist indes kaum denkbar. Damit er flüssig wird, muß er auf minus 253° C abgekühlt werden. Der Tank braucht also eine aufwendige Isolation – und muß gigantisch groß sein, denn Wasserstoff ist der leichteste Stoff, den es gibt. Ein Liter Flüssigwasserstoff wiegt 66 Gramm.

Das 15 Millionen Dollar teure Ungetüm von Tank, das dabei herauskommt, ist ein 57 m hoher Turm von 8,4 m Durchmesser. Leer wiegt der Tank 32 Tonnen. Er enthält oben 604 Tonnen Flüssigsauerstoff (bei minus

183° C) und darunter, in dem weit größeren Teil, 102 Tonnen Flüssigwasserstoff. Der Tank ist viel voluminöser als das eigentliche Space Shuttle und sieht aus wie eine herkömmliche Rakete, hat aber kein Triebwerk. Die Kraft kommt aus den Raketendüsen des Shuttle.

Nach knapp zehn Minuten hat der Tank seine Schuldigkeit getan und wird auf die Erde zurückkatapultiert. Das teure Stück High-Tech landet hart auf dem Meer und zerbricht in viele Stücke. Damit ist diese Komponente das letzte Überbleibsel der früheren Wegwerf-Weltraumfahrt.

Unglaublicher Motor

Lange sah es so aus, als ob dieses Raketentriebwerk technisch gar nicht möglich wäre. Der Brennstoff muß mit unglaublichen 365 Atmosphären (32 Tonnen auf der Größe einer Handfläche) in die drei Brennkammern gepreßt werden. Dort entsteht eine Temperatur von 3.500° C (Stahl schmilzt bei 1.500° C).

Nur durch ein raffiniertes Kühlsystem wurde das Wunder möglich. Fünf Kreiselpumpen hintereinander bringen den Treibstoff auf den erforderlichen Druck.

Sie rotieren mit 37.000 Umdrehungen in der Minute. Falls dabei ein Lager heißläuft oder eine Schaufel

bricht, explodiert das gesamte System.

Trotz der enormen Leistung dieses stärksten jemals gebauten Flugmotors – sie reicht immer noch nicht, um den Koloß ausreichend zu beschleunigen. Deswegen sitzen seitlich am Riesentank noch zwei Feststoffraketen, sogenannte „Booster".

Sie kommen billiger als der komplizierte Flüssigkeitsantrieb, haben aber einen entsetzlichen Nachteil: Sind sie einmal gezündet, lassen sich nicht mehr abschalten.

Wernher von Braun war aus Sicherheitsgründen immer ein Gegner von Feststoffraketen gewesen, und bei den Apollo-Flügen wurden auch keine verwendet. Schrecklicherweise sorgte dann auch bei der Challenger-Katastrophe eine defekte Dichtung an einem der Booster für die Explosion des Wasserstofftanks.

Fliegende Kathedralen

Die beiden Starthilfsraketen des Shuttle haben die Größe eines stattlichen Kirchturms: 45 m hoch, 3,7 m Durchmesser, 586 Tonnen schwer. Der Treibsatz besteht im wesentlichen aus Aluminiumpulver, das so angeordnet ist, daß sich der Schub der Rakete allmählich verringert. Bliebe er konstant, ergäbe sich bei dem immer leichter werdenden Ge-

Im Cockpit eines Space Shuttle

samtsystem eine zu hohe Beschleunigung für die Passagiere.

Die Betriebsdauer der wiederverwendbaren Booster beträgt gerade mal zwei Minuten. Dann werden sie abgesprengt und landen im Meer. Auch in leerem Zustand wiegt das Stück noch 80 Tonnen und muß mit Fallschirmen abgebremst werden – übrigens den größten der Welt.

Weltraumreisen ohne Mond

Bis Sie zum Mond aufbrechen können, wird es eine ganze Reihe anderer Weltraumangebote für zahlende Passagiere geben.

Um dem Space-Tourismus die nötige Schubkraft zu geben, wurde die *X-Price-Foundation* ins Leben gerufen. Im Gedenken an Charles Lindbergh, der 1927 als erster im Alleinflug den Atlantik überflog, soll der mit 18 Millionen Dollar dotierte X-Price dem privaten Unternehmen winken, das als erstes einen erfolgreichen Raumflug mit Passagieren durchführt. Der Präsident der Stiftung, Peter H. Diamandis, will damit

„die Vision des Weltraumurlaubs für alle" beflügeln.

Die besten Aussichten auf die einen halben Meter hohe X-Price-Trophäe samt Finanzspritze hat derzeit das Projekt *Space Cruiser*. Das 18 m lange und 12 t schwere Fluggerät bietet Platz für zwei Piloten und sechs Passagiere.

Unter ein Transportflugzeug geschnallt, wird es auf 15 km Höhe gebracht und dort ausgeklinkt. Dann wird der eigene Raketenmotor gezündet, der Pilot zieht das Gefährt senkrecht nach oben, und nach nur zwei Minuten Schub ist eine Höhe von 65 km erreicht.

Mit dreifacher Schallgeschwindigkeit fegt der *Space Cruiser* weiter in den Weltall hinaus, bis bei etwa 110 km Höhe die Erdanziehung den Ausreißer wieder einfängt.

Während der antriebslosen Phase herrscht an Bord absolute Schwerelosigkeit, und es gibt einen atemberaubenden Blick auf die Erde, unter Astronauten bekannt als *Overview-Effekt*: ein mentaler Rausch beson-

derer Art, wenn man die Kugelform der Erde direkt erlebt und den irdischen Problemen vollkommen entrückt ist.

Das Vergnügen ist indes nur kurz: Nach zweieinhalb Minuten werden die Bremsraketen gezündet, und der Wiedereintritt in die Erdatmosphäre beginnt. Am Ende landet der *Space Cruiser* nach zweieinhalb Stunden Gesamtflugdauer wie ein normales Düsenflugzeug. Beim Raketenschub wie beim Bremsmanöver müssen die Fluggäste moderate 2 g Beschleunigung verkraften.

Der gesamte Abenteuer kostet 98.000 Dollar, wobei ein einwöchiges Vorbereitungscamp im Preis inbegriffen ist, mit theoretischer Schulung, Simulatorflügen und ausführlichem Astronautentraining. Außerdem gibt es Urkunde und Ansteckadel, man darf seinen Astronautenanzug behalten und erhält ein Video, das den gesamten Flug festgehalten hat – aufgenommen mit der am Helm jedes Passagiers befestigten Mini-Kamera.

Veranstalter ist die Firma *Zegrahm*, spezialisiert auf extreme Abenteuerreisen, von Mount Everest bis Antarktis. Die ersten 30 Fluggäste haben sich schon angemeldet, und als Startdatum ist der 1. Dezember 2001 vorgesehen.

Zegrahm Space Voyages,
1414 Dexter Ave. N. # 2001,
Seattle, WA. 98109, USA
Fax 001-206-285-7390
www.SpaceVoyages.com

Ein ähnliches Konzept, diesmal huckepack auf einem Jumbo-Jet, verfolgt die NASA zusammen mit dem Unternehmen *Lockheed Martin*.

Der Raumgleiter X-34 soll bereits 1999 erste Probeflüge absolvieren.

Sein Nachfolger X-33, auch als *Venture Star* bezeichnet, soll sogar wie das Space Shuttle direkt senkrecht von der Erde starten.

Beide Raumfahrzeuge sind vor allem dafür konzipiert, Satelliten in den Orbit zu bringen, können aber später auch mit Passagierkabinen ausgerüstet werden.

Der Frachtpreis pro Kilo, der derzeit bei 35.000 Mark liegt, soll mit Hilfe der neuen Techniken auf um die 3.000 Mark gedrückt werden.

Die Firma *Pioneer Rocketplane* in Colorado plant in Zusammenarbeit mit der US-Luftwaffe ein Flugzeug, das dem Space Shuttle ähnelt. *Pathfinder* startet wie ein herkömmlicher

David Scott und das Mondauto von Apollo 15

Jet, trifft nach dem Start in 10 km Höhe auf ein Tankflugzeug und wird mit 60 Tonnen flüssigem Sauerstoff beladen. Mit Hilfe des bewährten Raketenantriebs RD-120 erreicht es 130 km Höhe und 18fache Schallgeschwindigkeit (21.500 km/h).

Die Hauptanwendung des Pathfinder wird ebenfalls darin bestehen, Satelliten in die Umlaufbahn zu schießen.

Angedacht ist aber auch, die bis zu 40 Passagiere sehr schnell zu irdischen Zielen zu befördern. Ein Flug von London nach New York würde gerade mal eine halbe Stunde dauern, und dabei könnte man – neben einem phantastischen Blick auf die Erde – sogar fünf Minuten lang Schwerelosigkeit erleben.

Urlaub im Orbit

In den Finanzierungskonzepten der meisten Weltraumprojekte spielt der Tourismus eine wichtige Rolle.

In den späteren Betriebsphasen der internationalen Raumstation *ISS* ist geplant, solventen Kunden Kurzaufenthalte im Orbit anzubieten. Die Marketingstrategen rechnen damit, daß große Unternehmen solche Reisen – ähnlich wie bei den Mondreisen geplant – bei Preisausschreiben verlosen und den Gewinner imagemäßig vermarkten könnten.

Tips von A–Z

Alkohol

Wein, Bier und alle anderen Arten von alkoholischen Getränken sind im Weltraum tabu. Auch wenn Sie nicht wie die bisherigen Astronauten direkte Verantwortung für das Gelingen der Mission tragen, müssen Sie sich vor Reiseantritt schriftlich verpflichten, alle Verhaltensregeln während der Reise einzuhalten.

Wenn es im All einmal etwas zu feiern gibt, muß das mit Mineralwasser oder alkoholfreiem Sekt erfolgen. In der Szene gibt es Gerüchte, daß Kosmonauten schon mal etwas Wodka in ihre Raumstation geschmuggelt hätten. Aber offiziell wurde das natürlich nie bestätigt.

Besondere Ereignisse

Zwei- bis fünfmal pro Jahr kommt es zu partiellen Sonnenfinsternissen auf der Erde: Der Mond schiebt sich genau zwischen Sonne und Erde und wirft seinen Schatten auf die Erdoberfläche.

Ein sehr seltenes Ereignis sind totale Sonnenfinsternisse. Dann verdunkelt die Mondscheibe die Sonne komplett, und innerhalb eines bestimmtes Gebietes auf der Erde wird es mitten am Tag dunkel wie in der Nacht.

Die letzte derartige Finsternis in Europa gab es am 11. August 1999 (und davor 1842). Das spektakuläre Schauspiel konnte man innerhalb eines etwa 80 km breiten Streifens erleben, der sich von Saarbrücken über Stuttgart, München, Graz bis zum Schwarzen Meer erstreckt. Die Verfinsterung selber dauerte 2 Minuten und 20 Sekunden, bis eben der gesamte Mondschatten den Beobachter überquert hatte. Zu sehen freilich gab es des regenwolkenverhangenen Himmels wegen vielerorts nichts.

Die nächste totale Sonnenfinsternis wird es in Deutschland erst wieder am 7. Oktober 2135 geben.

Vom Mond aus können Sie die irdischen Sonnenfinsternisse als Erdfinsternis erleben: Sie sehen einen dunklen Fleck auf der Erdscheibe, der sich langsam von Westen nach Osten verlagert.

Noch spektakulärer sind Mondfinsternisse, die Sie auf dem Mond als Sonnenverfinsterung erleben. Die Erde verdeckt dabei genau die Sonne. Je nachdem, auf welchem Punkt des Mondes Sie sich befinden, erleben Sie dieses Schauspiel als partielle oder völlige Überdeckung der Sonne durch die Erde.

Bei der *total eclipse* verursacht die Erdatmosphäre einen grandiosen rötlich-orangenen Schimmer um die Ihnen zugewandte Nachtseite der Erde. Während des insgesamt bis zu dreieinhalb Stunden dauernden Vorgangs wächst der Feuerring, bis er die Erde vollständig umgibt. Dann ist es auch auf dem Mond fast dunkel, und die Mondlandschaft ist in glühend orangerotes Licht getaucht.

Eine Mondfinsternis ist natürlich auch von der Nachtseite der Erde aus zu sehen, wobei man mit einem

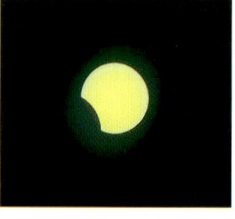

Sonnenverfinsterungen auf dem Mond	
(auf der Erde: Mondfinsternisse)	
21.1.2000	total
9.1.2001	total
16.5.2003	total
9.11.2003	total
4.5.2004	total
28.10.2004	total
7.9.2006	partiell
3.3.2007	total
21.2.2008	total
16.8.2008	partiell
31.12.2009	partiell
21.12.2010	total
15.6.2011	total
10.12.2011	total
26.5.2021	total
19.11.2021	partiell
16.5.2022	total
8.9.2022	total
28.10.2023	partiell
18.11.2024	partiell
14.3.2025	total
7.9.2025	total
3.3.2026	total
28.8.2026	partiell
12.1.2028	partiell
6.7.2028	partiell
31.12.2028	total
26.6.2029	total
20.12.2029	total
15.6.2030	partiell

guten Fernrohr das schwache rötliche Erdlicht auf der Mondoberfläche beobachten kann.

Damit Sie dieses Schauspiel nicht verpassen, finden Sie im Kasten die nächsten Termine.

Diplomatische Vertretung

1980 beantragte ein gewisser Dennis Hope beim Grundbuchamt von San Francisco, als Eigentümer des Mondes eingetragen zu werden. Nach einigem Hin und Her akzeptierte der Amtsleiter Hopes Ansinnen, wies aber auf die mehrjährige Einspruchsfrist des Staates gegen den Antrag hin.

Kurz darauf gründete Hope die diplomatische Vertretung des Mondes (*Lunar Embassy)* und informierte die Vereinten Nationen sowie die russische Regierung über seine Absicht, Mondgrundstücke zu verkaufen (s. S.48). Kein Staat hat in der ausgesetzten Frist Berufung eingelegt. Seitdem beansprucht Hope, der sich innerhalb seiner Botschaft stolz „The Head Cheese" nennt, größter Grundstücksbesitzer des Sonnensystems zu sein.

The Lunar Embassy
6000 Airport Road,
Rio Vista, California,
CA 94571, USA
Fax 001-707-3746-863
wwwlunarembassy.com

Elektrizität

In Raumschiffen, Raumstationen und dem Shuttle gibt es aus Sicherheitsgründen nur Niedervoltversorgung. Als Rasierapparat empfehlen Astronauten ein Akkugerät, das mit flexibler Spannung (12 Volt Gleichstrom bis 230 Volt Wechselstrom) aufladbar ist.

Probleme kann es geben mit dem Akkulader für Videokameras. Hier benötigen Sie einen speziellen Ad-

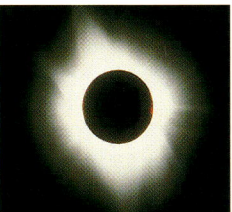

Kleine Vergnügungen

apter. Nähere Einzelheiten werden Ihnen mit den Reiseunterlagen mitgeteilt.

Ansonsten brauchen Sie nichts mitzunehmen: Ein Föhn ist an Bord, und Sie haben Vollpension gebucht.

Geld

Cash money ist im Weltall fehl am Platz. Falls es einmal hotelartige Mondbasen gibt, werden sie vollständig mit Lesegeräten für Chipkarten ausgerüstet sein. In der Frühphase des Weltraumtourismus behilft sich der Veranstalter mit einem *deposit*: Sie zahlen vor dem Flug z.B. 3.000 Dollar ein, von denen eventuelle Ausflüge, Drinks etc. abgebucht werden. Was Sie nicht verbraucht haben, erhalten Sie nach der Reise zurück.

In den USA gibt es seit Mitte 1998 sogar *Moon Money*. Es ist jedoch nicht gedacht als offizielle Währung auf dem Mond, sondern ist ein „preiswertes Reichtumsinstrument für jeden". So Cynthia Peden, eine amerikanische Lebensberaterin. Der Brauch, Silbermünzen als Gabe an den Mond aufs Fensterbrett zu legen, stammt nach Pedens Angaben „aus Polen, Ungarn, aus China oder von den Kelten".

Cynthia bekam nach der ordnungsgemäßen Plazierung der Glücksbringer unverhofft Dinge geschenkt, gewann in Preisausschreiben und hatte vor allem eine neue Idee zum Geldverdienen. Nun kann man bei ihr „eine Silbermünze in einem eleganten hellblauen Pergamentumschlag" samt Bedienungsanleitung für 10 US-Dollar pro Stück anfordern.

Bestellmöglichkeit nur im Internet: http://www.moonmoney.com

Glücksspiel

Eine kleine Warnung vor Wetten und Spielen auf dem Mond. Wegen der geringeren Schwerkraft fallen auch die Gegenstände langsamer, und bestimmte Bewegungen erscheinen wie in Zeitlupe. Beim Werfen einer Münze läßt es sich recht einfach verfolgen, auf welcher Seite sie landen wird. Auch beim Würfeln kann man dadurch leichter schummeln.

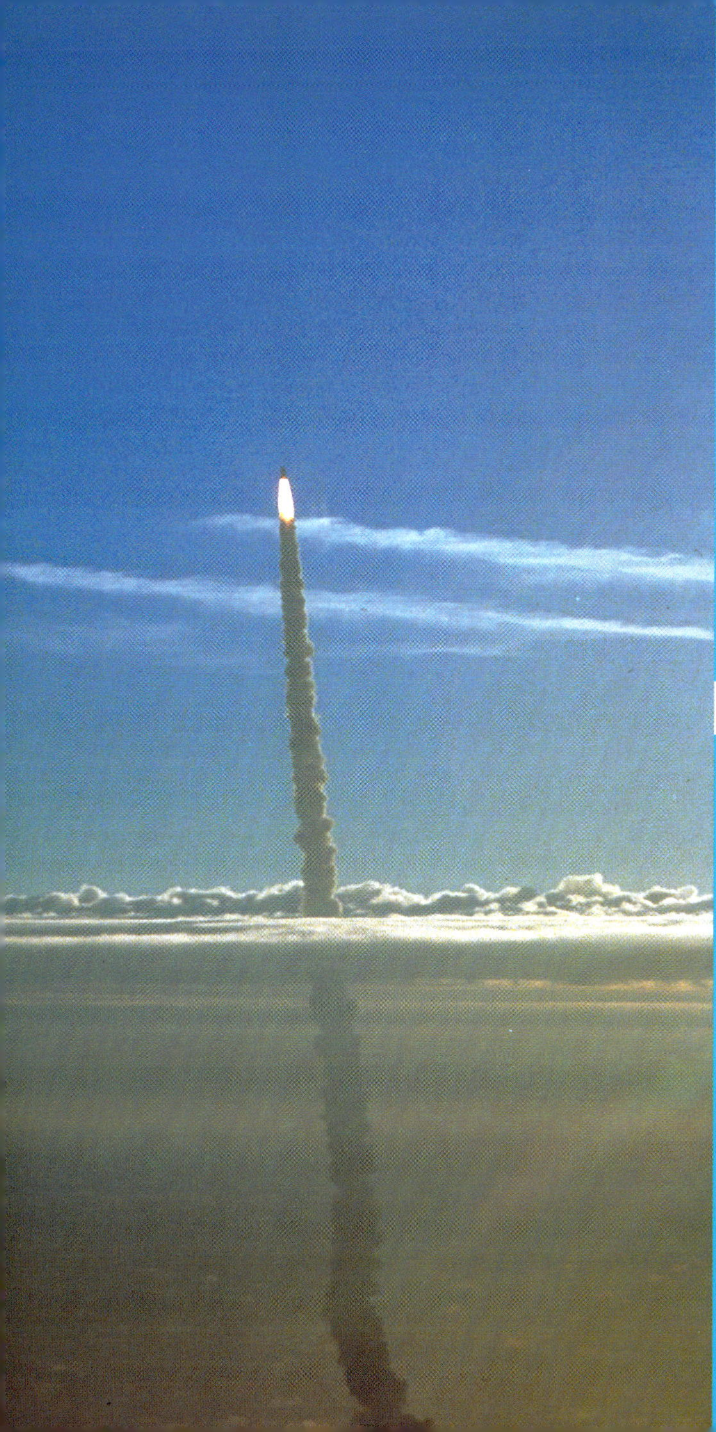

Grundstücke

Bei der *Lunar Embassy* (siehe unter *Diplomatische Vertretung*, S. 45) können Sie Mondgrundstücke für 15,99 US-Dollar (plus $1,16 Mondsteuer und $10 Versand) erwerben.

Weil die Bestellung in den USA umständlich (Kreditkarte!) und langwierig ist, können Sie die Mondgrundstücke auch direkt beim Koval Verlag beziehen.

Für DM 34,80 (plus DM 10,– Versandkosten) erhalten Sie eine Urkunde, die Sie als Besitzer eines 177.75 *acres* großen Stück Mondes ausweist (ungefähr 700.000 Quadratmeter, das entspricht 100 Fußballfeldern). Alle Grundstücke liegen auf der Vorderseite des Mondes und haben daher Erdblick. Die Besitzerrechte sind vererbbar. Auf einer Mondkarte ist die Lage Ihres Grundstückes eingezeichnet.

Schreiben oder faxen Sie uns oder bestellen Sie im Internet unter *www.mondshop.de* oder unter *www.mondland.de*. Für alle Mond-Fans bietet der Koval-*mondshop* zudem Tassen und T-Shirts mit einem Cartoon von Tiki Küstenmacher, einen Mondglobus (s. S. 136), den vom Münchner  Mondkünstler Josef Toth handbemalten Mondsekt, und auch Tikis Cartoons aus diesem Buch können Sie kaufen.

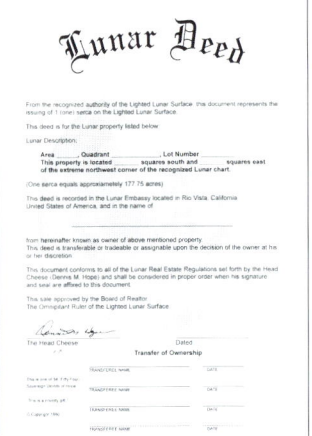

Besitzurkunde für ein Mondgrundstück

Wer größer einsteigen möchte, kann bei der Lunar Embassy auch den Bauplatz für eine gesamte Mondstadt erwerben. 19 solcher Städte sind für je 4.500 Dollar zu haben, bestehend aus 200 nebeneinanderliegenden Grundstücken. Alle *Moon Cities* liegen in verkehrsgünstiger Nähe zu amerikanischen oder russischen Landeplätzen. Sie können Ihrer Stadt einen Namen Ihrer Wahl geben. Schon jetzt existieren auf dem Mond reservierte Flächen für Lunafornia, Tycho City und Neu-Berlin (siehe auch unter *Staatsgründungen*).

Höhenangst

Angst vor steilen Klippen und unwegsamem Gelände müssen Sie auf

Mars

Venus

Saturn

Tikis Cartoon auf Tasse und T-Shirt

dem Mond nicht haben. Wenn ein Gegenstand auf der Erde von 2 m Höhe zu Boden fällt, braucht er dazu 0,6 Sekunden und schlägt mit etwa 22 km/h auf. Auf dem Mond benötigt er gemütliche 1,6 Sekunden und erreicht am Ende gerade mal 9 km/h.

Deutlicher werden diese ungewöhnlichen Verhältnisse, wenn Sie sie auf sich selber anwenden: Auf der Erde können Sie mit etwas sportlicher Übung ohne Gefahr von einer 2 m hohen Mauer springen. Die Endgeschwindigkeit von 22 km/h federn Ihre Beine sicher ab. Auf dem Mond könnten Sie (bei gleicher Aufprallgeschwindigkeit) von einer 12 m hohen Klippe springen, das entspricht dem vierten Stock eines Hauses!

Hotels

Machen Sie sich fürs erste auf spartanische Unterkünfte gefaßt (s. S. 84). Erst nach der Pionierphase ist Besserung in Sicht: Die Hilton-Ho-

telgruppe hat die Pläne für ein *Lunar Hilton* bereits in der Schublade.

Für 300.000 Dollar beauftragte die Hotelkette 1998 den britischen Architekten Peter Inston, eine Studie vorzulegen. Und der griff in die Vollen: 5.000 Betten, und mit einer Bauhöhe von 325 m übertraf es den Eiffelturm um einige Meter. Instons Hotelidee enthält Restaurants, eine riesige Krankenstation, Landeplätze für Raumshuttles, eine multireligiöse Kirche, eine Schule, jede Menge Hochgeschwindigkeitsaufzüge und einen als See mit Uferbepflanzung gestalteten Swimmingpool, der aus den reichlichen Wasservorkommen des Mondes gespeist wird.

Das gesamte Gebäude ist eine gigantische Druckkabine, und sogar an extraschwere Schuhe für die Gäste hat der Architekt gedacht, damit sie „mit der geringeren Schwerkraft besser klarkommen".

Das *Lunar Hilton* wird man wohl zur großen Gruppe der „Reklamestunts" zählen dürfen. Eine Technik,

Jupiter

Neptun

Sonne

Wüste Namib, Namibia

die besonders beliebt ist bei japanischen Bauunternehmen. Der Konzern Shimizu veröffentlichte Pläne für aufblasbare Mondgebäude mit eigenen Tennis- und Golfplätzen, und der Hoch-Tief-Bau-Gigant Nishimatu brachte sich ins Gespräch mit einem Feriendorf, bestehend aus drei zehnstöckigen schneckenhausförmigen Konstruktionen.

Lebensversicherung

Hier sollten Sie langfristig planen. Erste Nachfragen bei Versicherungen haben ergeben, daß Raumflüge (auch wenn sie eines Tages in touristischen Ausmaßen stattfinden) als Risikosportart eingestuft werden.

Das bedeutet: Wenn Sie im Hinblick auf eine bevorstehende Mondfahrt eine Lebens- oder Unfallversicherung abschließen, ist diese ungültig. Bestehende Versicherungen (Abschluß mindestens zwei Jahre vor Antritt der Reisevorbereitungen) sind aber rechtskräftig und würden im schlimmsten Falle an Ihre Hinterbliebenen ausbezahlt werden.

Medizinische Versorgung

Ihre normale Krankenversicherung gilt im Weltraum nicht. Deswegen ist die gesamte medizinische Versorgung während Ihres Fluges und Ihrer Zeit auf dem Mond im Reisepreis enthalten. Die Behandlung eventueller Spätfolgen auf der Erde ist von Ihrer Versicherung aber abgedeckt. Schließen Sie jedoch sicherheitshalber eine Auslandskrankenversicherung ab, weil Sie sich vor dem Start und direkt nach der Landung ja außerhalb Ihres Heimatlandes befinden.

Rauchen

Rauchen dürfen Sie nur vor dem Start und nach der Landung. Während des Fluges und auf dem Mond müssen Sie andere Wege finden, um mit Ihrer Nervosität fertigzuwerden. Zigaretten-, Zigarren- oder gar Pfeifenrauch würde die Regeneratoren für Ihre Atemluft sofort außer Gefecht setzen.

Russische Kosmonauten sollen sich in der Raumstation schon einmal mit Kautabak beholfen haben, aber das setzt das Einverständnis aller Mitreisenden voraus – womit bei einer größeren Reisegruppe kaum zu rechnen ist.

Reiserücktrittsversicherung

Angesichts der hohen Kosten, der geringen Zahl der Reisenden und der besonderen Risiken wird kein

Versicherungsunternehmen die Kosten für Ihren eventuellen Rücktritt übernehmen. Auf dem Kongreß für Weltraumtourismus wurde deshalb vorgeschlagen, das System der NASA zu übernehmen: In jeder Vorbereitungsgruppe nehmen mehrere Reservepassagiere teil, die einspringen, wenn Teilnehmer ausfallen. Die Ersatzleute könnten dann zu einem etwas ermäßigten Tarif mitfliegen.

Sprache

Die offiziellen Sprachen im Weltall sind Englisch und Russisch. Falls die russische Raumfahrt auch touristische Angebote macht, werden sie Englisch als Zweitsprache zulassen. Machen Sie sich auf einen herrlich unkomplizierten Umgang der Russen mit der amerikanischen Grammatik gefaßt.

Staatsgründungen

Im Zuge der wachsenden Zahl von Menschen, die bei *Big Cheese* Dennis Hope ein Mondgrundstück erworben haben (s. S. 48), konnte es eigentlich nicht ausbleiben, daß die Landeigner versuchen, Staatswesen auf dem Mond gründen.

Die nach bisherigen Ermittlungen erste Gründung dürfte die *OwliCave LR* (Lunar Republic) des Polen Lit Caveman sein (der seinen irdischen Namen leider nicht bekanntgibt). Er besitzt eine Parzelle beim Krater Tycho und ist sich sicher, daß sein Mondareal mindestens eine Höhle enthält. So nannte er sein Anwesen *Owlicave* (Eulenhöhle). Caveman heißt jedes intelligente Lebewesen (gleichgültig, ob menschlich oder nicht) als Einwohner willkommen. Die „physische Gegenwart auf dem Mond", so steht es in der Einladung, sei dazu nicht notwendig.

Am 4. November 1997 riefen Lit Caveman und der japanische Mondgrundstücksbesitzer Ylum die *Allianz der Vereinigten Mondrepubliken* aus. Der Japaner spekuliert darauf, eines Tages die Schürfrechte auf seinem Grund an den heimischen Bergbaukonzern Mintaka zu verkaufen, der bereits Interesse an den Bodenschätzen des Mondes angemeldet hat.

Im Februar 1998 verloste die polnische Zeitung *Gazeta Wyborcza* 50 Mondgrundstücke, alle im Krater Tycho, womit sich auf dem Mond bereits ein Polenviertel abzeichnet. Das führte Owlicaves Allianz 50 potentielle Neugründungen zu, die auf Wunsch der Zeitung bereits die verschiedensten Verfassungsentwürfe für ihre eigenen Republiken entwickelten.

Im Sommer 1998 wurde die japanische Popsängerin Kyoko Date zur Ehrenbürgerin von OwliCave ernannt. Die Reise wird ihr keine Probleme bereiten, denn Kyoko ist (genau wie die Abenteurerin Lara Croft) eine vollständig im Computer erschaffene virtuelle Gestalt.

Inzwischen hat der Aufruf Lit Cavemans eine gewaltige Resonanz gehabt. Über 4000 lunare Grundeigentümer haben sich nach dessen Angaben der OwliCave-Republik angeschlossen. Am 2. August 2002 soll sich der Kongress dazu konstituieren. *Head Cheese* Dennis Hope als anerkannter Besitzer des Mondes ist dazu als Hauptredner eingeladen, gegen dessen diktatorische *Bill of Rights* sich unter den Bürgern allerhand Unmut regt. Man darf auf die weitere politische Entwicklung des Mondes gespannt sein – ohne freilich irgendetwas daran ernst zu nehmen (*www.polbox.com/o/owlicave*).

Einen zaghaften Versuch zur Gründung einer weiteren *Vereinigten Lunaren Republik* machte am 1. Dezember 1998 ein gewisser Präsident Tokie (*http://members.xoom.com/ulr*).

Das Wappen der OwliCave-Mondrepublik

Steuern

In allen Preisen ist die Steuer enthalten, die für das Land gilt, in dem der Reiseveranstalter sitzt. Es kommen also amerikanische, australische oder russische Steuersätze in Frage. Buchen Sie über ein deutsches Reisebüro, wird für Sie lediglich die deutsche Mehrwertsteuer ausgewiesen, den Rest regelt die Reiseagentur.

Interessant ist die Frage, ob Ihre Reise ins All als Betriebsausgabe steuerlich absetzbar ist. Die Finanzämter behalten sich vor, jeden Einzelfall gesondert zu prüfen. Aber nur wenn der Schwerpunkt Ihrer Reise eindeutig auf dem Durchführen technischer Experimente liegt, die Sie in Ihrem Unternehmen brauchen, können Sie von einer Anerkennung ausgehen. Klären Sie das unbedingt vor Reiseantritt.

Trinkgeld

Für Raumflüge gilt der bewährte Brauch der Kreuzfahrtschiffe: Sie geben vor Reiseantritt, also noch auf der Erde, allen Mitarbeitern eine (inoffiziell) festgelegte Summe. Auch das Personal in den Raumstationen und auf der Mondbasis wird auf diese Weise vorab versorgt. Das macht Sie frei von unnötigen Sorgen um solche Kleinigkeiten.

Zeitrechnung

Im Weltall gilt Weltzeit: CST, *Central Space Time*, auch bekannt als UTC, *Universal Time Code*. Früher nannte man sie GMT, *Greenwich Mean Time*, also die Zeitzone null, in der das Londoner Observatorium Greenwich liegt.

Während der Reise werden Sie auf einen künstlichen Schlaf- und Wachrhythmus eingestellt, der für jede Reise individuell errechnet wird. Er ist so berechnet, daß Sie auf dem Mond maximal fit sind.

Unterwegs

Anreise zum Start

Weltraumbahnhöfe liegen bevorzugt in Äquatornähe, um die Kraft der Erdumdrehung als zusätzlichen Schwung beim Start zu nutzen. Das *Artemis Project* der rührigen *Lunar Resources Group* empfiehlt die Insel *Groote Eylandt* im Norden Australiens, weil an den klassischen Startpunkten in Florida und Kalifornien Widerstände der Umweltschützer zu befürchten wären.

Auch die russische Weltraumindustrie möchte langfristig einen Startpunkt in Australien anmieten. Jedenfalls steht Ihnen vor dem Flug zum Mond erst einmal eine größere irdische Reise ins Haus.

Angehörige und Freunde, die den spektakulären Start miterleben und Ihnen während der Vorbereitungszeit ab und zu das Händchen halten möchten, sind bei den Reiseveranstaltern verständlicherweise willkommen.

Bodentraining

Am Startort werden Sie in die Besonderheiten des Raumflugs eingewiesen. Rechnen Sie mit mindestens einer Woche Vorbereitungszeit.

Sie werden dabei ständig ärztlich untersucht und leben unter fast militärischen Bedingungen: Ihre Schlafzeiten sind vorgegeben, damit Ihr Körper auf den künstlichen Tageslauf an Bord der Raumschiffe angepaßt wird.

Vorgegeben ist auch Ihre Ernährung, damit sich Ihr Organismus auf die ungewohnte Astronautennahrung einstellt.

Besonders wichtig ist dies für den Startvorgang, bei dem ein fast leerer Darm dringend zu empfehlen ist. Zur Sicherheit werden Sie in der Phase der besonderen Beschleunigungskräfte eine Art Windeln für Erwachsene tragen.

Reisebekleidung

Weil Fasern und Schmutz in der Bordatmosphäre die Geräte stören könnten, erhalten Sie vor dem Start in einem Reinheitsraum einen Bordanzug aus faserfreiem, unbrennbarem Elastikmaterial. Er ist mit vielen Taschen versehen, weil es in der Schwerelosigkeit keine frei herumfliegenden Gegenstände geben darf.

Darüber tragen Sie – zumindest in der ersten Phase des Weltraumtourismus – einen Druckanzug. Zum Start müssen Sie den Helm geschlossen halten und haben eine eigene Sauerstoffversorgung. Seit der Challenger-Katastrophe 1986 ist dies internationale Gepflogenheit, weil Sie so selbst im Falle einer Raketenexplosion noch Chancen hätten, mit Hilfe der Rettungssysteme alles heil zu überstehen.

Take-off

Der Gang vom Terminal zur Rakete wird Ihnen unvergeßlich bleiben. Auch wenn Sie nicht mehr wie die Pioniere des Weltraums an den fauchenden Triebwerken der riesigen Trägerrakete vorbeischreiten, werden Sie den Weg durch den Sicherheitskanal ins Raumschiff vermutlich niemals vergessen.

Ihr Puls steigt bis zum Zweieinhalbfachen des Normalmaßes. Seien Sie vorbereitet auf psychischen Streß. Jedem Astronauten gehen auf diesem Weg destruktive Gedanken durch den Kopf: Warum das alles? Jetzt kann ich noch umkehren. Ich muß verrückt gewesen sein, als ich mich dazu überreden ließ ... und dergleichen. Das ist eine normale Krise im „Alltag" eines Astronauten.

Einsteigen

Bei Shuttleflügen steigen Sie relativ kurz vor dem Start ein, denn der riesige Tank wird erst kurz vor dem Abflug mit flüssigem Sauerstoff und Wasserstoff befüllt, um die Verluste durch Verdunstung möglichst gering zu halten.

Trotz der aufwendigen Isolierung verdampfen ständig große Mengen Treibstoff, die während der Startphase laufend ergänzt werden müssen. Wasserstoff kocht bei minus 245° C, und der entstehende Dampf gibt dem Ambiente des riesigen Weltraumbahnhofs ein unvergeßliches Flair.

Man hilft Ihnen in den eigenartig liegenden Konturensitz, der speziell für Sie angepaßt wurde, und Sie werden mit mehreren Gurten regelrecht festgezurrt. Dann wird die Tür hinter Ihnen geschlossen.

Wundern Sie sich nicht, wenn Ihr Fahrzeug zu schwanken beginnt. Die Trägerrakete ist aus technischen Gründen sehr hoch und schlank, so daß schon heftigere Bewegungen der Passagiere sie in Schwingung bringen können, sobald die Stützgerüste abgezogen wurden.

Amerikanische Sitten

Während der Vorbereitungszeit und der Reise selbst wird immer wieder die Internationalität des Unternehmens Mondfahrt betont. Sie sollten sich aber immer bewußt sein, daß Sie sich kulturell und sozial im Einflußbereich der USA befinden. So wird man Sie immer mit großer Höflichkeit behandeln, erwartet aber auch von Ihnen freundliches Benehmen.

In der Frühzeit der Raumfahrt herrschte militärische Disziplin, und das ist auch im *space tourism* noch deutlich zu spüren. Amerikaner haben ein enorm hohes Sicherheitsbewußtsein (hervorgerufen durch den Umgang der US-Justiz bei Schadenersatzforderungen), das sogar Deutsche bisweilen für übertrieben halten. Denken Sie aber daran, daß die Dummheit eines Einzelnen das Leben aller gefährden kann.

Höllenlärm

Auf Ihren Ohren sitzen große Schallschutzmuscheln mit Kopfhörern, über die Sie den Countdown hören. Bei Zero (Null) bemerken Sie einen harten Schlag, der von der Zündung der Feststoffraketen herrührt. Kurz danach beginnen die Triebwerke am Unterteil Ihres Shuttle zu laufen. Mehrstufige Pumpen pressen mit unglaublichem Druck ein Gemisch aus flüssigem Sauerstoff und flüssigem Wasserstoff in die drei Brennkammern.

Trotz aller Lärmisolierungen und Ihrer Ohrenschützer hören Sie ein enormes Heulen und Beben.

Die Lärmbelastung außen beträgt 160 Dezibel, der größte in der Technik bekannte Lärm.

Ihr Gehör wird einer gewaltigen Beanspruchung ausgesetzt – eine Begleiterscheinung der Raketentechnik, über die Sie in den Prospekten der Veranstalter sicher nichts lesen.

Zugleich gerät alles in Vibrationen, bei denen Sie schwören, das Unternehmen sei bereits gescheitert.

Mindestens fünf Sekunden nach der Zündung wird der gesamte Flugapparat noch immer von gewaltigen Klammern am Boden gehalten, und erst wenn der volle Schub von über 2.800 Tonnen erreicht ist, wird Ihr Fahrzeug frei und beginnt wie ein Fahrstuhl zu steigen.

Durch die Schallmauer

Am Beginn wirkt das ganz harmlos, langsam und majestätisch. Dann aber steigt die Beschleunigung fortwährend, und Sie werden immer stärker in Ihren Sitz gedrückt. Nach knapp einer Minute hat das Shuttle Schallgeschwindigkeit erreicht.

Wieder setzen starke Vibrationen ein, die das Material bis zum Äußersten belasten. Durch die Luftreibung erhitzt sich die Nase des Shuttle auf fast 1.500° C.

Ab dem Durchbrechen der Schallmauer sinkt der Luftwiderstand, der unerträgliche Lärm schwillt ein wenig ab. Zugleich wird das Shuttle leichter – pro Sekunde verbrennen über 9 Tonnen Treibstoff.

Der Schub der Hilfsraketen wird zurückgenommen, trotzdem steigt die Beschleunigung immer noch. Nach zwei Minuten werden Sie mit dreifachem Erdgewicht (3 G) in den Sitz gepreßt, das Höchste, was ein normal trainierter Mensch aushalten kann.

Falls Sie das in diesem Moment tröstet: Bei den ersten Raumflügen betrug die Belastung 6 G, und die ersten Astronauten wurden in riesigen Zentrifugen auf die Qualen der Startbeschleunigung vorbereitet. Dabei schieden viele ansonsten bestens geeignete Kandidaten aus.

Beim Landen mußte der erste Amerikaner im Weltall, Alan Shepard (später mit Apollo 14 auf dem Mond), sogar unmenschliche 11 G aushalten.

Es wurde damals in Kauf genommen, daß die Astronauten während des Wiedereintritts in die Atmosphäre ohnmächtig wurden.

Im All

Mittlerweile haben Sie 48 km Höhe erreicht, und plötzlich läßt der Andruck nach. Die Hilfsraketen werden mit lautem Knall weggesprengt, der Shuttle fliegt nur noch mit Hilfstank und den eigenen Raketentriebwerken.

Langsam steigt der Andruck wieder, und nach über fünf Minuten permanenter Beschleunigung wird diese Belastung auch für harte Burschen unangenehm.

Es ist unklar, ob eine Shuttle-Passagierkabine Fenster haben kann, die während der Startstrapazen nicht von außen verschlossen werden müssen. Wenn Sie aber nach draußen sehen könnten, würden Sie längst in die unendliche Schwärze des Weltalls blicken.

Erst nach neun Minuten, die Ihnen sicher viel länger vorgekommen sind, wird der Hilfstank abgesprengt, und schlagartig setzt die Schwerelosigkeit ein.

In der Umlaufbahn

Nach neun Minuten und 20 Sekunden sind Sie im Weltall. Mit 27.000 km/h rasen Sie in 240 km Höhe um die Erde. Sie erleben dabei die sogenannte dynamische Schwerelosigkeit. Ihr Raumschiff befindet sich im freien Fall, aber weil es in so großer Höhe und so enorm beschleunigt ist, stürzt es nicht auf die Erde, sondern bleibt auf einer perfekten Kreisbahn.

Schwerelos!

Zu Beginn der Schwerelosigkeit werden Ihre Hände und Arme wie von selbst nach oben schweben, weil sie auf der Erde ja Belastung gewöhnt sind.

Auch Ihr Organismus stellt sich um. Ihr Gesicht wird voller, Falten verschwinden, weil das Blut nicht mehr nach unten gezogen wird. Zugleich werden die Füße kleiner, und Sie müssen die Schuhbänder nachziehen. Ihre Taille wird schlanker, und Ihre Körpergröße wird allmählich um bis zu drei Zentimeter steigen, weil die Bandscheiben nicht mehr zusammengedrückt werden. Deshalb wurden Sie zuvor mit elastischer Kleidung eingedeckt.

Nun können Sie sich mit gegenseitiger Hilfe aus den unförmigen Druckanzügen pellen und den phantastischen Blick auf die Erde genießen.

Wenn Sie sich gerade auf der Nachtseite befinden, werden Sie überrascht sein: Auch die hellsten künstlichen Lichter auf der Erde sind in dieser Höhe nicht mehr zu sehen.

Wenn sich die Augen an das Dunkel gewöhnt haben, werden Sie allerdings bemerken, daß ständig irgendwo auf unserem Planeten Gewitter stattfinden. Ein großartiges Schauspiel, das alle Astronauten sehr beeindruckt hat.

„Wir waren wie vom Donner gerührt, als wir uns umdrehten und zur Erde sahen. Bis wir die Zündung vorgenommen hatten und uns wieder zur Erde umdrehen konnten, hatte sie zu schrumpfen begonnen. Wir waren unterwegs zum Mond."
James Lovell, jr. (Apollo 8, 13)

Ulrich Walter im Spacelab

Raumstation Erde

Mit ziemlicher Sicherheit fliegen Sie nicht mehr non-stop zum Mond wie die tollkühnen Apollo-Pioniere, sondern haben Zwischenaufenthalt in einer Raumstation.

Das hat vor allem wirtschaftliche Gründe: Das schwere Space Shuttle auf Mondkurs zu beschleunigen, würde zu viel Treibstoff kosten.

Deshalb steigen Sie nach einem kurzen Aufenthalt in der Raumstation um in ein Mondshuttle, das höchst abenteuerlich aussieht. Bei der Konstruktion muß auf keine Aerodynamik Rücksicht genommen werden, und daher sparen die bis-herigen Pläne nicht mit StarTrek-Exotik.

Attraktionen in 240 km Höhe

Eine Raumstation im Erdorbit bietet etwa den Komfort eines Wohnwagens: alles ist auf Platzoptimierung ausgelegt, jedes Ding hat seinen festen Ort, es herrschen strenge Verhaltensregeln, und Sie leben vermutlich abgetrennt von den an Bord arbeitenden Wissenschaftlern und Astronauten.

Die amerikanischen Organisatoren werden sich dennoch allerlei

einfallen lassen, um Ihren Aufenthalt zu einem Erlebnis zu machen: Mit guter Kopfhörermusik wirkt der phantastische Blick auf die unter Ihnen vorbeiziehende Erde noch mal so schön.

Besuchergruppen in den Raumfahrtmuseen können Ihnen über Funk Fragen stellen, und Sie haben die letzte verhältnismäßig preiswerte Gelegenheit, mit Ihren Freunden auf der Erde zu telefonieren.

Die Reise zum Mond

Nun steigen Sie um und nehmen in dem Erd-Mond-Shuttle Platz. Ganz vorsichtig stößt Ihr „Lunar Transfer Vehicle" (LTV) ab, um die Raumstation nicht aus der Balance zu bringen. Ein überwältigender Anblick, wie die riesige Station schwerelos im All schwebt und langsam zu einem winzigen Punkt vor dem pechschwarzen Himmel wird.

Erde goodbye

Erst in sicherem Abstand zündet das LTV sein Triebwerk, um die Experimente an Bord der Raumstation nicht zu stören. Der mehrere Minuten dauernde Beschleunigungsstoß, mit dem Sie aus der Erdumlaufbahn auf Mondkurs kommen, ist verhältnismäßig milde. Im luftleeren Raum gibt es während der Beschleunigung weder aerodynamische noch thermische Probleme.

Danach gleiten Sie praktisch lautlos und ohne Antrieb durch das Weltall. Die meisten Pläne für das

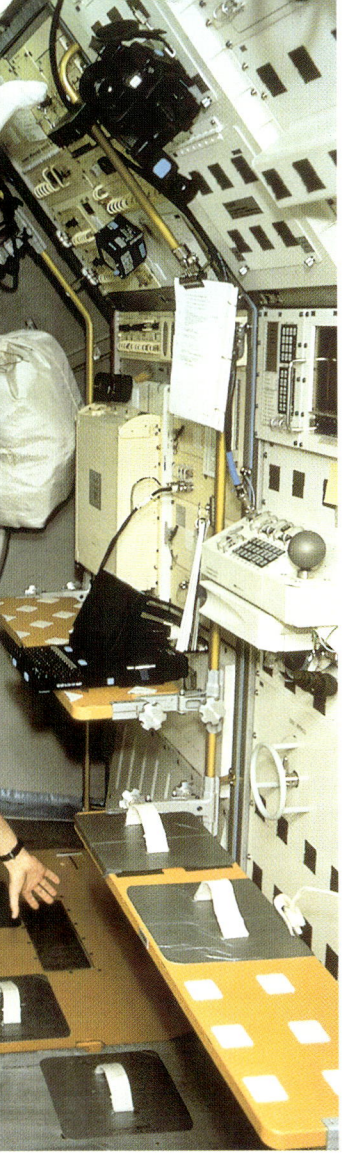

Hans Schlegel im Spacelab. An seiner Stirn trägt er ein Ultraschallmeßgerät.

„Es war ein völlig anderer Mond, als ich ihn bisher je gesehen hatte. Der Mond, den ich von früher kannte, war eine flache gelbe Scheibe. Aber dies war eine riesige dreidimensionale Kugel, von einem fast geisterhaft blau getönten Weiß. Er wirkte nicht wie ein besonders freundlicher oder einladender Ort. Wir fragten uns, ob wir in seine Sphäre eindringen sollten oder nicht."
Michael Collins (Apollo 11)

»Das war zu fest. Jetzt ist Hilde in der Umlaufbahn. «

LTV sehen vor, daß Sie aus den Fenstern einen guten Blick auf die kleiner werdende Erde haben. Ein ergreifender und zugleich erschreckender Anblick, den kein Astronaut vergißt. Durch die Fenster auf der anderen Seite sehen Sie, wie sich sehr langsam der Mond nähert.

Die Reise dauert zweieinhalb Tage und ist nach wie vor die größte Entfernung, die Menschen jemals im All zurückgelegt haben. An Bord kehrt nun Entspannung ein, und Sie können froh sein, wenn es möglichst langweilig zugeht und keine Notfälle an irgendwelchen Systemen eintreten.

Weltraumspaziergang

Vielleicht erhalten Sie (gegen Aufpreis) Gelegenheit, im Druckanzug über die Luftschleuse das Raumschiff zu verlassen und ein paar Minuten im freien All nebenher zu schweben.

Das ist wegen möglicher Meteoriten immer ein besonderes Risiko, aber auch eine besonders eindrucksvolle Erfahrung. Und für alle, auch die Passagiere im Inneren, ein Fotomotiv allererster Sahne.

Sie fliegen mit einer Geschwindigkeit von fast 40.000 km/h, die sich unmerklich verringert, bis Sie in den Anziehungsbereich des Mondes geraten.

Zwischen Mond und Erde gibt es einen Bereich, in dem sich die Schwerefelder der beiden Himmelskörper aufheben, und innerhalb dieses Bereichs hat der französische

> „Was mich am meisten erstaunte, war die Stille. Eine unvorstellbare Stille, wie sie auf der Erde nie vorkommt. Eine Stille, so tief und vollständig, daß man den eigenen Körper zu hören beginnt: Wie das Herz kämpft und die Adern pulsieren, man vernimmt sogar das Rauschen von Muskelbewegungen. Und am Himmel gab es mehr Sterne, als ich mir jemals hatte vorstellen können."
> *Aleksej Leonow (sowjetischer Kosmonaut, der als erster Mensch frei im Weltraum schwebte)*

Mathematiker Joseph Louis LaGrange schon am Ende des 18. Jahrhunderts fünf Punkte ausfindig gemacht, in denen auch die Anziehungskraft der Sonne neutralisiert wird. An einem dieser LaGrangeschen Punkte ließe sich ein Satellit oder eine Raumstation an einem festen Punkt einrichten.

Der Mond rückt näher

In 10.000 km Entfernung können Sie bei einem Blick durchs Fenster noch den gesamten Mond sehen. Und wie! Er ist ganz deutlich eine Kugel, nicht die flache Scheibe, die Sie von der Erde her kennen.

Wegen der fehlenden Atmosphäre steht der Mond scharf abgegrenzt vor dem vollkommen schwarzen Weltall.

In 1.000 km Abstand sind, selbst wenn Sie Ihre Nase am Fenster plattdrücken, nur noch drei Viertel des Mondes sichtbar, und bei 200 km, wenn die Bremszündung eingeleitet wird, nur noch knapp die Hälfte. Aber immer noch, ganz anders als beim Raumflug im gleichen Abstand über die Erde, empfinden Sie ganz stark die Wölbung der Mondkugel.

Über die Farbe des Mondes gibt es verschiedene Schilderungen. Die meisten Mondfahrer beschreiben sie als metallisch dunkles Grau, das mit zunehmender Bestrahlung durch das Sonnenlicht braun wirkt, dann gelbbraun und direkt unter der Sonne fast weiß.

Die Beurteilungen differieren schon deswegen, weil Sie nie durch unbeschichtetes Glas auf den Mond blicken. Vor der intensiven Strahlung im UV- und anderen Bereichen, die es auf der Erde nicht gibt, müssen Ihre Augen stets durch Filterfolien geschützt werden, auf den Fenstern in Raumschiff und Mondbasis ebenso wie auf dem Visier Ihres Raumhelms.

Mondgestein wirkt im irdischen Licht sehr dunkel. Die Albedo (Rückstrahlkraft) des Mondes beträgt im Schnitt 0,07, das heißt, 7 Prozent des auftreffenden Sonnenlichts werden reflektiert. Die dunklen Mondmeere haben sogar nur Albedo 0,03. Zum Vergleich: Die Albedo von Schnee beträgt 0,70, die des hellen Granits der Alpen 0,35. Seine Leuchtkraft verdankt der Mond hauptsächlich der völlig ungefilterten Sonnenbestrahlung.

Wüste extrem

Wenn Sie einmal in einer irdischen Wüste waren, wird es Sie etwas weniger überraschen, wie vielfältig und bunt die eigentlich monotone und tote Landschaft des Mondes erscheint. Aber selbst dann werden

„Die Erde erinnerte uns an eine in der Schwärze des Weltraums aufgehängte Christbaumkugel. Mit größerer Entfernung wurde sie immer kleiner. Schließlich schrumpfte sie auf die Größe einer Murmel – die schönste Murmel, die du dir vorstellen kannst. Dieses schöne, warme, lebende Objekt sah so zerbrechlich aus, so zart, als ob es zerkrümeln würde, wenn man mit dem Finger dranstößt. Ein solcher Anblick muß einen Menschen einfach verändern."
James Irwin (Apollo 15)

Sie sich den Berichten der Astronauten anschließen, die beim Anblick dieser völlig fremdartigen Schöpfung in Staunen und Schweigen verharrten.

Die zahllosen Einschläge in allen Größen geben dem Mond etwas Gewalttätiges, berichtet Apollo-15-Kommandant David Scott. Ein Schlachtfeld mit den Spuren mehrerer Jahrmilliarden Krieg. Zugleich strahlt die samtige, pudrige Staubschicht etwas Friedliches und durch-

aus Sympathisches ab, erzählen andere.

Vom Mond eingefangen

Am Mond angelangt, wird das LTV gedreht und mit einer Bremszündung auf 5.600 km/h verlangsamt. Das ist immer noch fünffache Schallgeschwindigkeit, und in verhältnismäßig nahem Abstand zur Oberfläche ergibt das einen ausgesprochen dynamischen Blick auf die Krater, Meere, Berge des Mondes.

Weil der Anblick einfach so schön ist, umrundet Ihr Vehikel ein- oder zweimal mehr den Erdtrabanten, als technisch nötig wäre. Eine komplette Runde dauert etwa zwei Stunden.

Eindrucksvoll ist die Überquerung des Terminators, der ganz harten Grenze zwischen Licht und Dunkelheit. Auf der erdzugewandten Seite wird die dunkle Hälfte des Mondes vom reflektierenden Licht der Erde in ein fahles Licht getaucht.

Auf der Rückseite ist der dunkle Teil des Mondes vollkommen schwarz – schwärzer als das All, auf dem intensiv die unerreichbar fernen Sterne strahlen.

„Als wir über den Pazifik kamen, erhielten wir grünes Licht, uns in die translunare Bahn einzufädeln. Wir zündeten das Triebwerk, und es war, als würden wir in einem gigantischen Aufzug nach oben gezogen. Ich blickte aus meinem Fenster und sah auf die Inseln von Hawaii. Während dieser ganzen Zeit wurden wir in majestätischer Stetigkeit nach oben getragen und auf 40.000 Stundenkilometer beschleunigt."
James Irwin (Apollo 15)

Leben im All

Essen und Trinken

Das Leben in der totalen Schwerelosigkeit ist gewöhnungsbedürftig. Nur eine unbedachte Fußbewegung, Sie schweben durch die Kabine und stoßen mit dem Kopf an. Bewegen Sie sich deshalb am Anfang sehr vorsichtig, und hanteln Sie sich von einem der vielen Handgriffe zum nächsten.

Krümelgefahr

Besonders knifflig gestaltet sich das Essen. Glücklicherweise funktioniert der Schluckapparat des Menschen auch ohne Schwerkraft, aber Flüssigkeit kann nicht ausgegossen werden und würde in einem Becher auch nicht halten. Eßbesteck würde davonschweben.

Beim Essen dürfen keine Krümel oder Tropfen entstehen, die ebenfalls durch das Raumschiff vagabundieren und allerlei Schäden verursa-

chen könnten. Deswegen werden in der Schwerelosigkeit alle flüssigen Nahrungsmittel in geschlossenen Plastikbeuteln aufbewahrt und durch ein Röhrchen in den Mund gedrückt, das mit einem Ventil versehen ist.

Unbeschwert genießen

Zum Glück hat es seit dem berüchtigten Astronautenfraß der Frühzeit viele Weiterentwicklungen gegeben. Man entdeckte, daß dicke Saucen nicht durch den Raum schweben, sondern an den Lebensmitteln kleben bleiben, so daß Sie bestimmte Gänge Ihres Menüs sogar mit Löffel und Gabel genießen können.

Aller Nahrung ist jedoch aus Gründen der Haltbarkeit und des Gewichts das Wasser enzogen. Zur Rehydrierung wird mit einer Art Pistole seitlich 80 Grad heißes Wasser

Hans Schlegel strampelt für die Wissenschaft

in die Päckchen gespritzt. Das klingt unappetitlicher als es ist. Die Gerichte in den durchsichtigen Beuteln schauen sympathisch aus und werden von den Astronauten durchweg gelobt. Es gibt auch Hamburger, Sandwich und Kuchen, alles mit einer dünnen Gelatineschicht überzogen, damit keine Krümel davonschweben.

Beim Essen selbst müssen Sie langsam abbeißen und vorsichtig kauen, damit sich keine Brösel lösen und wegfliegen.

Naturkost ade

„Normales" Essen kommt im All aus vielen Gründen nicht in Frage. In der Schwerelosigkeit scheidet der menschliche Körper wegen der fehlenden Gewichtsbelastung zu viele Mineralstoffe aus, die ihm mit künstlich angereicherten Lebensmitteln wieder zugeführt werden

„Ich blickte auf den Boden hinunter, und wir hatten Erdlicht. Das war so, als sähe man bei Vollmond eine schneebedeckte Landschaft auf der Erde."
Ken Mattingly (Apollo 16, Columbia 4, Discovery 3)

müssen. Das bedeutet, daß Sie im Weltall immer schön brav aufessen müssen, sonst kann es zu Mangelerscheinungen mit erheblichen Spätfolgen kommen.

Während der fehlgeschlagenen Mission von Apollo 13 mußten die Astronauten auf der Notrückkehr mit weniger Flüssigkeit und Nahrung auskommen. Einer von ihnen erkrankte schon während der Rückreise an Kaliummangel, der sich in Fieber, Schüttelfrost und starker Ermattung äußert.

Intimes

Die Stoffwechselvorgänge Ihres Körpers bereiten in der Schwerelosigkeit besonders heikle Probleme. Die NASA faßt das Thema mit dem Begriff „Personal Hygiene" zusammen und hat zahlreiche sinnige Gerätschaften entwickeln lassen, die im Air and Space Museum in Washington D.C. bewundert werden können.

WC mit Unterdruck

Die Toilette im Space Shuttle besitzt eine Fußraste und Handgriffe, mit denen Sie sich fest an die Toilettenöffnung pressen müssen.

Ein kräftiger Ventilator befördert Ihren Stuhlgang in einen Sammelbehälter, wo er getrocknet und desinfiziert wird.

Für den Urin hat jeder Passagier eine persönliche Gummimanschette. Auch hier wird mit Unterdruck alles abgesaugt und entsorgt.

Entgegen anderslautenden Gerüchten wird die ausgeschiedene Flüssigkeit keineswegs recycelt. Die Brennstoffzellen, die an Bord zur Stromerzeugung dienen, produzieren als Abfallprodukt mehr als genügend Wasser.

Katzenwäsche

Was sich bisher nicht bewährt hat, ist das Duschen in der Schwerelo-

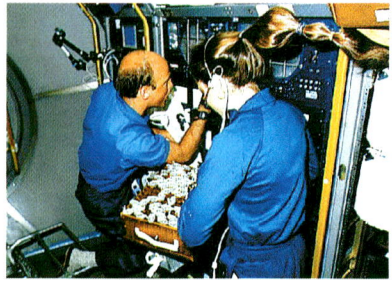

sigkeit. Immer wieder sind Undichtigkeiten aufgetreten, und größere frei schwebende Wassermengen sind für die elektrischen Einrichtungen an Bord

Wartung der Klimanlage

eine große Gefahr. Praktischer ist es, Sie waschen sich mit den nicht krümelnden Faserwaschlappen.

Am Grund des trichterförmigen Waschbeckens läuft ständig eine Pumpe, die das Abwasser in den Bodentank saugt. Ist der Tank voll, wird er ins Weltall abgelassen.

Hoffentlich sind Sie nicht geruchsempfindlich. Der Mief in einem engen Raumschiff ist glücklicherweise in keinem Film und keinem Foto erkennbar.

Ehemalige Astronauten, die nicht mehr PR für ihre Auftraggeber machen müssen, klagen ziemlich über die vielfältigen Düfte an Bord, die offenbar keiner der vielen Filter wirklich ganz beseitigen kann.

Nicht nur die normalen menschlichen Ausdünstungen sind in dem kleinen Raum überdeutlich zu spüren, auch die chemisch aufbereitete künstliche Atmosphäre in Raumstationen und Shuttles soll ausgesprochen streng riechen.

Sie ist allerdings in ihrer Zusammensetzung, die der irdischen Luft ähnelt, ein großer Fortschritt gegenüber der reinen hochexplosiven Sauerstoffatmosphäre, die die Apollo-Astronauten atmen mußten.

Sex im All?

Der deutsche Astronaut und Physiker Ulrich Walter berichtete, daß die Libido im Weltall zunächst stark eingeschränkt ist. Der Hormonhaushalt des Körpers müsse sich an die neue Situation anpassen: „Während des zehntägigen Shuttlefluges dachten wir an alles, nur nicht an das eine." Die amerikanischen Kollegen weichen pikanten Fragen lieber aus.

Erotische Tätigkeit im Weltall ist jedenfalls noch ein völlig unerforschtes Feld. Bei allen bisherigen Missionen waren die Astronautinnen und Astronauten mit einem dermaßen engen Arbeitspensum eingedeckt, daß selbst bei ausgeprägtem Verlangen für sexuelle Eskapaden kein Platz gewesen wäre – im doppeltem Sinne: Bisher gab es in den Weltraumgefährten keinen abgetrennten Raum für intime Aktivitäten.

Die Erfahrungen der Amerikaner bei Langzeitaufenthalten in Raumstationen haben gezeigt, daß gemischte Teams im All besser arbeiten als reine Männerrunden, bei denen der Umgangston auf Dauer allzu ruppig wird.

Bisher ist nur ein Ehepaar gemeinsam auf Raumreise gewesen: Mark C. Lee und N. Jan Davis mit der *Space Shuttle*-Mission 47 (1992).

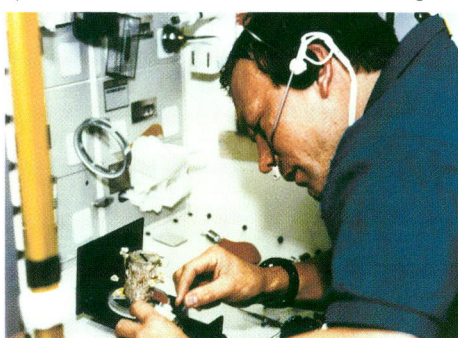

Schlafen

In der Schwerelosigkeit ist es gleichgültig, ob Sie liegend oder stehend die Nacht verbringen. Deswegen sind die „Betten" kreuz und quer in der Kabine verteilt.

Sie kriechen in einen Schlafsack aus feuerfestem Material, der wegen der Luftzirkulation mit zahlreichen Öffnungen versehen ist. Dann schließen Sie drei breite Gurte, damit Sie während des Schlafens nicht davontreiben.

Der Apollo 17-Mondfahrer Jack Schmitt berichtete, daß der Schlaf

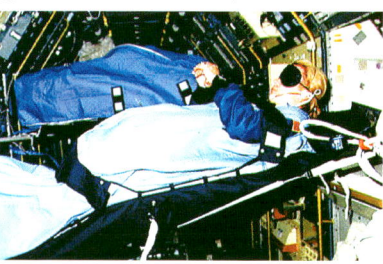

in der Schwerelosigkeit erholsamer sei als der normale Schlaf auf der Erde.

Deswegen hat es seiner Meinung nach keine negativen Auswirkungen, wenn Ihre Nachtruhe immer wieder unterbrochen wird: durch Ihre eigene Unruhe, durch die Vorgänge in Ihrem Körper (Magen und Darm fühlen sich anders an als auf der Erde) und vor allem durch ungewohnte Geräusche.

Die Klimaanlage und verschiedenste andere Lebenserhaltungssysteme produzieren eine fortwährende Geräuschkulisse.

Medizinische Versorgung

Deswegen greifen viele Astronauten zu Schlafmitteln. Beliebt ist vor allem Melatonin, ein körpereigenes Hormon, das Ihr Organismus normalerweise produziert, wenn abends die Dunkelheit einsetzt.

Da Ihnen im All der reguläre Tages- und Nachtrhythmus fehlt, hat es sich bewährt, diesen Stoff künstlich zuzuführen.

An Bord finden Sie eine fürstlich mit Schmerzmitteln und „Hämmern" gegen Übelkeit, Schwindel und Kopfweh ausgestattete Reiseapotheke vor.

Eines der Besatzungsmitglieder hat immer eine Zusatzausbildung als „Mediziner", und Sie dürfen sich während Ihrer Reise gut aufgehoben fühlen. Sie sollten aber wissen, daß

„Auf der Rückseite des Mondes kann man, wenn dort Nacht ist, die Oberfläche nicht sehen. Der Mond ist einfach dort, wo keine Sterne zu sehen sind. Die Gesetze der Physik besagen, daß dein feines Raumschiff in einer Umlaufbahn hundert Kilometer hoch über ihm ist und du keinesfalls irgendwo anstoßen kannst. Aber es kommt einem doch der Gedanke: Menschenskind! Ich streife nur haarscharf über einen fremden Planeten."
Michael Collins (Apollo 11)

in der Raumfahrt die klassische Schulmedizin amerikanischer Schule regiert.

False Color Moon: Das mit verschiedenen Farbfiltern aufgenommene und dann zusammengesetzte Bild gibt Aufschlüsse über die Bodenbeschaffenheit. Berge erscheinen rot, Täler blau bis orange. Dunkelblaue Gebiete wie das Mare Tranqillitatis enthalten mehr Titan als die orangen

Strahlende Gefahren

Die Sonne, ein riesiger Fusionsreaktor, in dem Wasserstoffkerne zu Helium verschmelzen, strahlt nicht nur im sichtbaren Bereich Energie ab, sondern sendet einen permanenten Strahlen- und Teilchenregen ins All.

Die Erde wird durch ihr Magnetfeld vor vielerlei Strahlen aus dem Weltall geschützt. Dieser Schutzschild erstreckt sich auf der sonnenzugewandten Seite unseres Planeten etwa 60.000 km in den Weltraum hinein.

Er ist in der Höhe, in der Raumstationen um die Erde kreisen, also noch aktiv, auf dem Mond und dem Weg dorthin aber nicht mehr (was übrigens auch eine Reise zum Mars zum großen Problem werden läßt, während der man jahrelang kosmischen Strahlen ausgesetzt ist).

Deswegen galten die ersten Experimente, die von der Apollo-Mannschaft auf der Mondoberfläche installiert wurden, den Auswirkungen

dieser Strahlenvielfalt, gern etwas verharmlosend als „Sonnenwind" bezeichnet.

Unheimliche Begegnung

Über die Auswirkungen auf den Menschen läßt sich zusammenfassend sagen: Nix genaues weiß man nicht.

Apollo-Astronauten berichteten von eigenartigen, plötzlichen Lichtblitzen, die von den NASA-Spezialisten als Auswirkungen kosmischer Strahlung auf Sehnerven und Gehirn interpretiert wurden. Die Effekte traten auch im Inneren der Kommandokapsel auf, die Strahlen hatten also die Metallhülle des Raumschiffs durchdringen können.

Man weiß, daß solche Strahlung während der Perioden des Sonnenfleckenmaximums am intensivsten ist.

In einem Rhythmus von etwa elf Jahren tauchen besonders viele dieser orkanartigen Magnetwirbel auf

≫ Raten Sie mal, wo wir uns kennengelernt haben. ≪

der Sonnenoberfläche auf. Das amerikanische Apollo-Programm hatte die Mondmissionen vorsichtshalber in temporäre Ruhephasen der Sonnenfleckentätigkeit gelegt – 1969 war an sich ein Jahr maximaler Sonnenaktivität.

Aufenthaltsdauer begrenzen

Die Unsicherheit über die Auswirkungen kosmischer Strahlen auf den Organismus war einer der Gründe, warum die Aufenthalte auf dem Mond relativ kurz bemessen wurden.

Die gesamte Strahlendosis, die die Apollo-Crews während eines Mondfluges aufnahmen, entsprach dem damals in der Industrie zulässigen Grenzwert von 5 REM (Radiation Equivalent Man). 1 REM ist die natürliche Strahlendosis, die ein Mensch unter normalen Bedingungen auf der Erde aufnimmt.

Bunker gegen - Sonnenstürme

Akut wird die Intensität der Sonnenstrahlung beim Ausbrechen kurzzeitiger Sonnenstürme, den explosionsartig ausbrechenden „flares".

Während dieser energetischen Sonnenteilchen-Orkane (Solar Energetic Particle Event, SEP) kann die Strahlenbelastung bis auf das 70.000fache hochschnellen.

Ein SEP-Frühwarnsystem und entsprechende Kommunikationssysteme sind eine elementare Voraussetzung für jedes Vordringen des Menschen in die Weiten des Weltalls.

Für längere Perioden, die der Mensch außerhalb des irdischen Magnetfelds verbringt, müssen SEP-Schutzbunker errichtet werden. Raumschiffe, die einst zum Mars fliegen sollen, werden mit dickwan-

digen Metallkammern oder elektromagnetisch abgeschirmten Bereichen versehen, in die sich die Astronauten während besonders intensiver Sonnenstürme zurückziehen.

Unterkünfte auf dem Mond, so ist geplant, sollen mit einer 1,2 bis 2 m

dicken Schicht des Mondgesteins Regolith vor dem ständigen Strahlenbeschuß geschützt werden. Die Pessimisten unter den Konstrukteuren fürchten sogar, daß deshalb solche Unterkünfte fensterlos sein werden und die Bewohner nur über

Fernsehmonitore die Mondlandschaft betrachten dürfen.

Um den Grenzwert von 5 REM einzuhalten, sind während der Kolonisation des Mondes umfangreiche Schutzmaßnahmen notwendig. Arbeiten außerhalb der Mondbasis

Bahamas

dürfen nur in kurzer Entfernung zu einem SEP-Bunker durchgeführt werden. Ein Mondarbeiter darf pro Jahr höchstens 1.800 Stunden innerhalb eines geschlossenen Fahrzeugs unterwegs sein, im dünnwandigen Raumanzug noch viel weniger.

Die Strahlenbelastung auf der ungeschützten Mondoberfläche beträgt in Zeiten des Sonnenfleckenminimums 30 REM pro Jahr, innerhalb eines elfjährigen Sonnenflecken-Zyklus addiert sie sich auf über 1.000 REM.

Angriff auf die Technik

Die SEP-Stürme sind nicht nur gefährlich für den menschlichen Organismus, sondern auch für elektronische Geräte. Es gibt zwar Abschirmmöglichkeiten, aber ein einziger ionisierter Partikel, der auf einen Mikrochip trifft, kann die darin gespei-

cherten Informationen partiell löschen, ein sogenannter „soft upset".

Derartige Fehler in der Steuerelektronik eines Raumschiffs können schreckliche Folgen haben, etwa das unkontrollierte Zünden des Triebwerks.

Ein NASA-Gutachten kam zu dem Ergebnis, daß eine vollkommene Immunität der Technik gegen diese Art Schäden unmöglich ist. So gesehen, waren die Apollo-Fahrten trotz aller Pannen „vom Glück verfolgt", wie es ein NASA-Techniker ausdrückte.

Stellen Sie sich also darauf ein, daß schon aus diesem Grund Ihr Aufenthalt begrenzt sein muß.

Die Szenarien für Mondtourismus rechnen mit einer Verweildauer auf dem Mond zwischen 6 und 12 Tagen. Das ist immerhin fast so lange wie alle Apollo-Missionen zusammen.

Vor Ort

Raumstation Mond

Die Apollo-Flüge zogen in einer elliptischen Bahn um den Mond, die zwischen 14 und 72 km Abstand über die Oberfläche führte. Der Astronaut James Irwin berichtet, daß man bei der mondnächsten Entfernung den Eindruck hat, gleich mit einem der Kraterberge zusammenzustoßen.

Eine um den Mond rotierende Raumstation wird man auch in verhältnismäßig geringem Abstand über der Oberfläche positionieren, damit die Shuttles zur Mondoberfläche so einfach gestaltet werden können wie möglich.

Irgendwann kommt die Mondstation in den Blick. Wegen des geringen Abstands zum Mondboden wird Ihnen bewußt, daß das bevorstehende Kopplungsmanöver bei atemberaubendem Tempo stattfindet.

Mit speziellen Näherungsradarinstrumenten verläuft dieser Vorgang weitgehend automatisch, ist aber immer wieder aufs Neue eine riskante Meisterleistung der Navigation.

Inzwischen haben Sie alle Ihre Druckanzüge angelegt, in der Enge der Kabine ein kleines Kunststück – und ein soziales Ereignis, denn jeder muß jedem dabei helfen. Vorher hat jede und jeder von Ihnen möglichst dezent einen Urinbeutel an der intimsten Stelle des Körpers befestigt. Denn wenn auf dem Mond die Schwerkraft wieder einsetzt, kann Ihre Harnblase ein unkontrollierbares Umstellungsproblem bekommen.

Raumanzüge sind bei allen Koppelvorgängen vorgeschrieben, da dabei immer eine der beiden Kapseln Druck verlieren könnte. Lange Nabelschnüre verbinden Sie mit der Atemluftversorgung des Raumschiffs. Nur für Notfälle tragen Sie eine kleine Patrone Sauerstoff vor der Brust.

Nach der geglückten Ankopplung dürfen Sie die Verbindungen lösen und den Helm öffnen. Insgesamt ein nerviges und zeitraubendes Getue, das noch keinem Astronauten gefallen hat.

Berühmte erste Worte auf dem Mond

„Ein kleiner Schritt für mich, aber ein großer Schritt für die Menschheit." *Neil Armstrong, Apollo 11*

„Whoopie!" *Pete Conrad, Apollo 12* (Danach sagte der 1,68 große Conrad: „Das mag ein kleiner Schritt gewesen sein für Neil, für mich ist es ein großer!")

„Ein kleiner Schritt für mich, aber ein mächtig großer Schritt für den kleinen grünen Kerl hier neben mir." *Harald Schmidt*

„Ich geh jetzt raus und spiele im Schnee!" *Alan Shepard, Apollo 14*

„Wie ich hier oben am Krater Hadley stehe und die Wunder des Unbekannten sehe, erkenne ich eine fundamentale Wahrheit über den Menschen: Der Mensch muß erforschen, und das hier ist die größe Erforschung, die man sich denken kann." *David Scott, Apollo 15*

Umsteigen zum Mond

Die Mondstation ist viel kleiner und einfacher ausgestattet als das große Weltraumbauwerk über der Erde. Für die nächsten Stunden bleibt Ihr LTV angedockt, denn es werden mehrere Flüge von der Station zur Mondoberfläche nötig sein, bis alle Personen und alles Material entladen wurden.

Zugleich werden Rückkehrer vom Mond aufgenommen, und es kommt zu einer besonders eigenartigen Begegnung zwischen an- und abreisenden Urlaubern.

Dank der amerikanischen positiven Grundstimmung verläuft dieses internationale Hallo in sympathischer Atmosphäre. Es werden Tips für den Aufenthalt auf dem Mond verraten, Souvenirs gezeigt und Grüße ausgetauscht. Mancher Rückkehrer wird sich allerdings auch ganz still verhalten, denn die wieder einsetzende Schwerelosigkeit ist nicht für jeden angenehm.

Endlich dürfen auch Sie sich durch die Luke in die Mondlandefähre zwängen. Der „Lunar Lander" ist ein spinnenbeiniges Gerät, dem deutlich anzumerken ist, daß es nach Gesichtspunkten der reinen Zweckmäßigkeit gebaut wurde. Es gibt nur winzige Fenster und unbequeme Sitze, aber für die kurze Reise reicht das vollauf.

Landung auf dem Mond

Etwa zwölf Minuten dauert die Zündung des Triebwerks, mit der der Lander von fünffacher Schallgeschwindigkeit auf gemächliches Hubschraubertempo heruntergebremst wird. Das Gefährt kippt, was Sie deutlich und vermutlich dankbar spüren: Die Schwerkraft des Mondes!

Die Landung selbst ist mit der eines Helikopters vergleichbar. Etwa 50 m über dem Boden wirbelt das Triebwerk mächtig Staub auf und schwebt dann etwas zittrig der Oberfläche entgegen.

Die Spinnenbeine sind gut gefedert, und nach einem leichten freundschaftlichen Stoß vom Mondboden bricht im Fahrzeug Jubel aus. Sie haben es geschafft!

Apollo-Kommandokapsel über dem Mond

Auf dem Mond!

Der Lunar Lander enthält für jeden von Ihnen einen großen Rucksack: das Personal Life Support System (PLSS), Ihre Lebensversicherung für den Ausstieg. Jetzt müssen mehrere Schläuche angeschlossen werden, denn nun wird nicht mehr nur Sauerstoff und Druck zugeführt.

Auch Kühlflüssigkeit für die Isolierschicht des Anzugs und das Kabel für die Sprechfunkverbindung laufen in sorgfältig geschützten Schläuchen vom Versorgungstornister zu den Anschlußstücken auf Ihrem Bauch.

Kritisch sind die Abdichtungen der Handschuhe und das Visier des Helms. Über die dicken Füße des Druckanzugs kommen die noch dickeren Mondstiefel. Lauter Handgriffe, die Sie auf der Erde oft geübt haben, aber in der Enge des Landers ist dann doch alles anders.

Zum Schluß muß jeder einen kontrollierten Dichtigkeitstest durchmachen, und erst nach einem doppelten OK-Check läßt der Pilot die Kabinenluft ab.

Dann öffnet er die Luke und steigt als erster aus. Damit es keinen Streit gibt, ist die Reihenfolge des Ausstiegs militärisch klar geregelt: der oder die Älteste zuerst, dann schön dem Alter nach.

Es bleibt nicht aus, daß Sie sich bei diesem Schritt an die berühmten ersten Worte von Neil Armstrong erinnern. Sie können sich überlegen, welche Worte Sie dabei sprechen wollen.

Der Ausstieg wird selbstverständlich auf Videoband festgehalten, zusammen mit dem Sprechfunkverkehr. Amerikanische Veranstalter haben eben einfach Sinn für historische Momente. Es gibt sogar ein kleines Feld vor der Mondbasis, wo Sie eine mitgebrachte Flagge Ihres Landes aufpflanzen können.

Die Top Ten der alternativen Zeilen für den ersten Mensch auf dem Mond
(frei nach David Letterman)

10. Nur ein kleiner Schritt, aber zehn Millionen „miles and more"-Bonus für mich!

9. Wenn ich spucke, fliegt's nach oben.

8. Das ist der kitschigste Augenblick, den ich je erlebt habe.

7. Besonderen Dank an einen gewissen David Letterman, der uns diese saublöden Raumfahrersocken gehäkelt hat.

6. Hey, ich kann Helmut Kohl von hier aus sehen!

5. Schauen Sie zu, Fräulein Scheinbach? Würden Sie nun endlich mal mit mir ausgehen, Fräulein Scheinbach?

4. Nur ein kleiner (hick!) Schluck für mich, und einen Riesenschl...schl...schluck auf die (hick!) Menschheit!

3. Treeeefffeeeer!

2. Mr. Armstrong, vermute ich?

1. Igitt! Mondkakerlaken!!

Tips für den ersten Tag

Die allerersten Menschen auf dem Mond haben direkt nach der Landung als erstes – etwas gegessen. Ursprünglich war sogar geplant, daß Aldrin und Armstrong nach den Aufregungen der Landung zunächst einmal fünf Stunden schlafen sollten. Aber das war eine typische Schreibtisch-Idee. Wer kann in solch einer historischen Situation schon schlafen! So beschlossen sie, sich gleich für den Ausstieg vorzubereiten, was allerdings über sechs Stunden in Anspruch nahm.

Spätere Astronauten haben dann meist eine Kompromißlösung gewählt: Nach der Landung schlossen sie ihre Druckanzüge an die Bordversorgung an, ließen die Kabinenluft ab und warfen aus der geöffneten Luke einen ersten Blick auf das Mondpanorama.

Dann wurde geschlafen, und erst am nächsten (Erden-)Tag begann der Mondspaziergang mit den umfangreichen Vorbereitungen wegen der PLSS (Personal Life Support System), den Kameras usw.

Sie sollten von den Pionieren lernen und nach den ersten Schritten von der Fähre zur Mondbasis zunächst zu Bett gehen.

Viele der 12 ersten Menschen auf dem Mond berichten, daß sie in der

„Großer Baumeister der Welten, ich danke dir, daß ich sehen konnte, wie Deine Welt voll einzigartiger Schönheit und Ordnung ist. Ich lege mein Leben still in deine Schöpferhand."
Edwin Aldrin (Apollo 11, zweiter Mensch auf dem Mond)

ersten Nacht auf dem Mond besonders gut geschlafen hätten. Nach den mindestens drei mehr schlechten als rechten Übernachtungen in der Schwerelosigkeit empfindet Ihr Körper die sanfte Anziehungskraft des Mondes als besondere Wohltat.

Sie schlafen auf Betten mit lächerlich dünnen Matratzen, aber Sie selbst fühlen sich ja auch leicht wie eine Feder. Der Lärm der Lebenserhaltungssysteme in den engen Raumfahrzeugen ist in der Mondbasis ungleich leiser, und der Zauber des einzigartigen Ortes wirkt anscheinend auch sofort auf den Organismus.

Sobald Sie den sperrigen Raumanzug, den blöden Urinbeutel und die faserfreie Elastikkleidung los sind, werden Sie ganz bestimmt glücklich, erschöpft und seltsam leichtgewichtig in Ihr Bett sinken.

Mondtag, Mondnacht

Auf dem Mond gibt es wegen der fehlenden Atmosphäre keinerlei Dämmerung. Der Mondtag dauert ebenso wie die Mondnacht genau 14 Tage, 18 Stunden, 22 Minuten und 2 Sekunden.

Für die praktische Zeitorientierung auf dem Mond wird deshalb vorgeschlagen, in den festen Basen eine Uhr zu verwenden, die am Mondtag die verstrichenen Erdtage, -stunden und -minuten seit Sonnen-

aufgang anzeigt. In der Mondnacht wird rückwärts gezählt, wie lange es bis zum nächsten Sonnenaufgang dauert.

Die Erduhr

Die Erde steht vom Mond aus gesehen ständig an der gleichen Stelle des Firmaments. Sie kann als dauerhaft sichtbare Uhr benutzt werden, deren Phasen den Mondtag und die Mondnacht (zusammen etwa 29,5 Erdentage) anzeigen.

„Neuerde" bedeutet für die Mitte der sichtbaren Mondseite (z.B. im Krater Regiomontanus) Mittag. Zunehmende Erde steht für Abend. „Vollerde" ist Mitternacht – dann steht die Sonne direkt hinter Ihnen auf dem Mond und beleuchtet frontal die vor Ihnen schwebende Erde. Abnehmende Erde schließlich ist das ersehnte Zeichen, daß der Mondmorgen naht.

Neuerde, so berichten Astronauten, ist ein beklemmendes Schauspiel, denn selbst die dicht besiedelten Gebiete erscheinen vom Mond aus gesehen dunkel. Auch die

„Während ich durch den Weltraum flog, fühlte ich mich als Fremder. Als ich auf dem Mond angekommen war, fühlte ich mich zu Hause. Wir hatten nach drei Seiten hin Berge und die tiefe Schlucht im Westen, ein schöner Platz für ein Lager. Ich fühlte mich irgendwie so, wie Adam und Eva sich gefühlt haben müssen, als sie auf der Erde standen und erkannten, daß sie ganz allein waren. Ich spreche von dem Mond als von einem Ort, der sehr heilig ist."
James Irwin (Apollo 15)

James Irwin (Apollo 15). Im Hintergrund der Berg Hadley

von hinten beleuchtete Atmosphäre hinterläßt keinen Lichtkranz, und Blitze bieten zwar eine aufregende Kulisse bei Erdumrundungen, sind vom Mond aus aber nicht mehr wahrzunehmen. So läßt sich die voll verdunkelte Erde nur dadurch orten, daß an einer Stelle des Mondhimmels keine Sterne zu sehen sind.

Der Terminator

Die harte Zone zwischen Mondnacht und -tag wird (im Deutschen wie im Englischen) als Terminator bezeichnet. Der Temperaturunterschied zwischen beiden beträgt rund 300 Grad, was hohe Ansprüche an die Klimatisierung der Raumanzüge stellt.

Als Mondbesucher sollten Sie davon ausgehen, daß Ausflüge in der eiskalten Finsternis der Mondnacht weitgehend sinnlos sind.

In der Mitte der Mondnacht sendet zwar die voll von der Sonne beleuchtete Erde einen leichten Schein. Astronauten empfanden dieses Licht ähnlich wie eine klare Vollmondnacht auf der Erde. Aber auch wenn rein rechnerisch das Erdlicht auf dem Mond stärker sein müßte als das Mondlicht auf der Erde, wird es für eindrucksvolle Aussichten oder gar Fotos nicht ausreichen.

Mondreisen werden deshalb so terminiert werden, daß Sie während Ihres Aufenthalts hauptsächlich den Mondtag erleben. In der Mondnacht allerdings können Sie die atemberaubende Sicht auf den Sternenhimmel besser genießen.

Alltag in der Basis

In den Szenarien für den Mondtourismus ist immer wieder vom „Moon Hilton" die Rede. Seien Sie gewarnt: Erwarten Sie nichts. Sie sind Gast in einer Forschungsstation. Das *Lunar Hilton* kommt erst später (s. S. 49).

Jeder Einrichtungsgegenstand ist – rechnet man die Transportkosten mit – von ungeheurem Wert. Rechnen Sie mit dünnster Einwegbettwäsche, schlichter Küche und praktisch totaler Selbstversorgung. Zimmermädchen oder Kellner würden das Gesamtunternehmen ins Uferlose verteuern.

Jeder, der in der Mondbasis arbeitet, hat mehrfache Funktionen. Einer der Geologen ist gleichzeitig ausgebildeter Arzt, umschichtig übernimmt immer einer der diensthabenden Forscher das Amt des „Kochs".

Mitbringsel für Mondpersonal

Jeder der Mondbesucher hat – nach einem bedenkenswerten Vorschlag des Artemis Project – einen der auf dem Mond stationierten Mitarbeiter als „Paten". Mit ihm hatten Sie vorher bereits Funkkontakt, und er

durfte Sie um Mitbringsel oder Dienstleistungen auf der Erde bitten. So haben beide etwas davon: Sie haben jemand, den Sie wenig-

Modell einer Mondbasis

stens telefonisch schon kennen, und der andere hat in der Freizeit einen Gesprächspartner.

Auch hier gilt aber: Erwarten Sie sich nicht zu viel. Das Leben auf dem Mond verändert die Menschen. Viele werden schweigsam und sonderlich, zumal sie ohnehin meist zu einer besonders extremen Variante der Spezies Forscher gehören.

Etwa ein Jahr bleiben die meisten Wissenschaftler auf diesem einsamsten Außenposten der Menschheit, in Sonderfällen aber durchaus auch länger.

Lieblingsfoto der bayerischen Mondtouristen

Fitness und Sport

Die geringe Schwerkraft auf der Mondoberfläche eröffnet Ihnen vollkommen neue Möglichkeiten für sportliche Betätigung. Von Anbeginn der Mondfahrt hat das die Phantasie der sportbegeisterten Astronauten befördert.

Golf

Als Pionier des Mondsports darf unbestritten Raumfahrtpionier Alan Shepard (erster Amerikaner im Weltraum, 9 Jahre später Apollo 14) gelten.

Am Ende seines anstrengenden Tagespensums auf dem Mond zauberte der alte Hase der amerikanischen Raumfahrt ein paar Golfbälle aus einer Tasche seines Raumanzugs. Als Schläger benutzte er den langen Handgriff seines geologischen Sammelgreifers und versuchte, da er wegen des steifen Raumanzugs seine Hände nicht zusammenbringen konnte, einen möglichst stilvollen „one hand swing".

Beim ersten Schuß verfehlte er den Ball, aber beim zweiten traf er halbwegs, und beim dritten perfekt. Shepard rief begeistert zur Bodenstation die unter Golfern berühmt gewordenen Worte „there it goes for miles and miles and miles!". In Wirklichkeit, so die Schätzungen seines unparteiischen Kollegen Mitchell, schaffte der erste Ball knapp 200 m, der zweite etwa 360 m.

Die restlichen Bälle ließ der weitblickende Shepard netterweise „für zukünftige Golfspieler" im Mondstaub zurück.

Wandern

Mitchell und Shepard halten außerdem den Rekord für den längsten Fußmarsch auf dem Mond – die Mannschaften nach ihnen hatten ja ein Mondauto zur Verfügung.

4 Stunden und 50 Minuten wanderten sie mit einer Art Schubkarren durch den Staub und erklommen die Böschung des Kraters Cone. Shepard mußte eine Pause einlegen, weil sein Herzschlag auf über 140 stieg und sich der enge Beckengürtel des Anzugs unangenehm bemerkbar machte.

Am Ende der Steigung schoben beide den Karren gemeinsam, wobei Shepard ganz militärisch den Takt für den Gleichschritt angab: „Links, rechts, links, rechts".

Die Überwindung einer Steigung im Raumanzug strengte trotz der geringen Schwerkraft doch weit mehr an, als das Kontrollzentrum erwartet hatte. Auf dem Rückweg entwichen den beiden erschöpften Astronauten einige Flüche, und obwohl ein ungeschriebenes Gesetz besagte, daß man sich am Funk gesittet auszudrücken hatte, war von Shepard ein herzhaftes „son of a bitch!" zu hören.

Von Mitchell gibt es ein Foto, das ihn während der Wanderung beim Studieren der Mondkarte zeigt. Es ist in die Geschichte eingegangen als das erste Bild eines Mondtouristen.

Gymnastik

James Irwin von Apollo 15 berichtet, wie er in den letzten 15 Minuten seines Mondaufenthalts alle Arbeiten erledigt und Zeit für einen „Urlaub auf dem Mond" hatte.

Er nützte die Viertelstunde, um in Kreisen um die Mondfähre zu laufen und Springen zu üben. Trotz des klobigen Raumanzugs brachte er es mühelos auf drei Meter weite und über einen Meter hohe Sprünge.

Die sportbegeisterten Amerikaner träumen von ganz neuen Sportarten, die sich unter den Bedingungen der geringen Schwerkraft ausüben lassen.

Die „Low Gravity Olympics" wären für das TV-Publikum eine Sensation, aber dazu ist der Bau großer Hallen mit entsprechend aufwendigen Sauerstoff- und Klimatierungsanlagen notwendig. Leichtathletikveranstaltungen im Raumanzug wären eine große Einschränkung und kommen höchstens als Vorübung in Frage.

Tanzen

Die ersten Menschen auf dem Mond haben, wie inzwischen durchgesickert ist, zu Gunsten einer schnellen Durchführung der Mission auf einige geplante wissenschaftliche Experimente verzichtet.

Es ging hauptsächlich „um die Show" vor der Weltöffentlichkeit, und dazu gehörte die spontane Kreation des „moon hop". Die eigenartige, känguruhartige Gangart war vor allem auf die geringe Beweglichkeit der Raumanzüge zurückzuführen, war damals aber der Startschuß für einen gleichnamigen (wenn auch kurzlebigen) Modetanz. Ein paar Känguruhsprünge gehörten seitdem zum festen Bestandteil aller Mondlandungen, und es ist anzunehmen, daß Sie es auch so halten werden.

Jack Schmitt von Apollo 17 war der einzige Astronaut, der während seines Mondausflugs wirklich spek-

Mondsportarten, die sich nicht durchsetzen konnten.

takulär zu Boden ging. Beim besonders engagierten Einsammeln der Gesteinsproben verlor der Geologe Schmitt die Balance und fiel, sich um die eigene Achse drehend, auf Hände und Knie. Nach dem Aufstehen mußte er prüfen, ob sein Fotoapparat nicht zu Bruch gegangen war.

Sein Kollege Cernan eilte zu Hilfe und heiterte ihn mit der Bemerkung auf, daß das Houstoner Staatsballett schon im Kontrollzentrum angefragt habe, um ihn für die nächste Saison zu verpflichten.

Schmitt ging sofort darauf ein und war der erste Astronaut, der die Grenzen des Raumanzugs austestete. Einen Fuß hochgereckt, vollführte er zwei große ballettartige Sprünge, und der kleine Krater ging als „Ballet Crater" in die Geschichte ein.

Tanzen bei geringer Schwerkraft dürfte in der Tat eine besonders lohnende Erfahrung auf dem Mond sein. Probieren Sie es aber lieber in der Mondbasis. Mit dem Raumanzug ist es unbequem und gefährlich.

Spielereien

Apollo 15 hatte ein lehrreiches Exempel für die Fernsehzuschauer in aller Welt zu bieten: Das berühmte Experiment von Galilei, der nachgewiesen hatte, daß im Vakuum alle Gegenstände gleich schnell zu Boden fallen.

Dave Scott hatte vor dem Start eine Feder aus dem Talisman-Falken der Luftwaffenakademie gerupft, kramte sie aus seiner Tasche und ließ sie vor den Augen der Kamera gleichzeitig mit seinem Geologenhammer fallen.

Tatsächlich schwebten beide einträchtig Seite an Seite herab und erreichten nach 1,3 Sekunden den Boden.

Sein Kollege James Irwin trat leider versehentlich auf die Feder, und sie war im Mondstaub nicht mehr aufzufinden.

Für spätere Souvenirjäger sicher eine begehrte Trophäe – vorausgesetzt, jemand traut sich so nah an die zu lunaren Monumenten erklärten historischen Apollo-Landeplätze heran.

Souvenirs

„Bring mir was mit", das ist wohl bei keiner anderen Reise ein so wichtiger Abschiedsgruß wie bei einer Mondtour. Denken Sie aber daran, daß es beim Mond auch heißen sollte: „Nimm was mit". Ein Teddybär oder ein Ehering, der mal kurz im Mondstaub gelegen ist, das war schon zu Zeiten der Apollo-Fahrer ein beliebtes Souvenir.

Steine

Klar: Das Mitbringsel Nummer eins vom Mond ist Mondgestein. Brocken in jeder Größe liegen an jeder Stelle des Mondes genügend herum.

Die ersten Apollo-Crews haben relativ unsystematisch alle Gesteinsklumpen eingesackt, die einigermaßen ungewöhnlich aussahen, und insgesamt 382 kg nach Hause geschleppt.

Der Astronaut Jack Schmitt von Apollo 17 war zugleich professioneller Geologe, doch auch er war vor Ort etwas enttäuscht, wie ähnlich sich die Brocken alle sahen und hätte gerne noch viel tiefer gebuddelt, als es die Planung für seine Mondspaziergänge vorgesehen hatte.

Das werden Sie in der Mondoberflächenschicht finden, die von den Geologen zusammenfassend als Regolith bezeichnet wird:

Mondstaub (dazu zählen die Geologen einzelne Teilchen unter 1 cm Durchmesser). Sammeln Sie ihn am besten in einer leeren Filmdose aus Plastik.

Blasige Magmabrocken mit feiner bis mittelkörniger kristalliner Struktur, erkennbar an relativ glatten Formen. Das werden die malerischsten Mitbringsel.

Trümmergestein mit kantigen Bruchstücken, sogenannte Brekzien, meist fest mit Mondstaub zusammengebacken.

Während ihrer Entstehung sind alle genannten Mondsteine durch Schmelzprozesse gegangen und zählen zur Familie der Basalte. Das Magma, aus dem die Mondsteine erstarrten, war dünnflüssiger als das aus irdischen Vulkanen, wodurch sich zerbrechlicher wirkende Formen herausbilden können. Auf

≫So einen unbehauenen Mondbrocken, den hat doch jeder! ≪

der Oberfläche der Mondsteine finden sich häufig Miniaturkrater, die vom Beschuß durch Mikrometeoriten herrühren. Manchmal haben diese Kleinstkrater, wie ihre großen Brüder, in der Mitte winzige Zentralberge.

Beim Auftreffen der Meteorite entstand so viel Energie, daß dieser Mittelteil des Kraters zu kugeligen, zylindrischen oder bizarren Glaspartikeln umgeschmolzen wurde. Die bunt glitzernden Glasperlen sind meist nur wenige Zehntelmillimeter groß. Mit Geduld und Glück können Sie wahre Schmuckstücke ergattern.

Manche Mondsteine enthalten im Inneren Hohlräume, die durch das Entweichen von Gasen beim Abkühlen entstanden sind. Denken Sie beim Sammeln größerer Brocken an Ihre Gewichtsgrenze, wobei Sie das Gewicht der Steine mit dem Faktor 6 multiplizieren müssen!

Chemisch gesehen enthalten Ihre Mondsteine vor allem Silizium, Aluminium, Eisen, Calzium, Mangan, Magnesium, Schwefel, Kobalt, Titan und Nickel. Der hohe Titananteil ist verantwortlich für die dunkle Farbe.

Edelmetalle oder wertvolle Bodenschätze, die Ihnen auf der Erde viel Geld einbringen, gibt es auf dem Mond nicht. So bleibt Ihnen allein der ideelle Wert und das Reiseabenteuer, das Sie damit verbinden.

Besondere Schätze

Die Apollo-Astronauten Scott und Irwin von Apollo 15 hatten die erste Briefmarke der USA dabei, auf der die Errungenschaften der amerikanischen Mondmissionen gewürdigt wurden.

„Um zu zeigen, daß unsere hervorragende Post Briefe in jedem Teil des Universums zustellen kann, habe ich die ehrenvolle Aufgabe, die erste Briefmarke einer neuen Serie im Weltraum zu stempeln" sagte Scott feierlich und drückte, malerisch am Rand der Hadley-Rille, einen eigens angefertigten Poststempel mit dem Erstausgabedatum 2. August 1971 auf das Sammlerstück.

Nach dem Abheben vom Mond und dem anschließenden Andocken an das Kommandomodul wurden alle sechs Apollo-Raumfähren abgekoppelt und zerschellten nach einer genau berechneten Landebahn auf dem Mond.

Die weit versprengten Bruchstücke geben allerhand Stoff für Souvenirs. Es empfiehlt sich allerdings, verschiedene Grabwerkzeuge mitzunehmen, denn die Einzelteile haben sich eventuell ganz schön in den Mondboden gebohrt.

Am interessantesten dürften die Überreste von Apollo 15 sein, denn beim hastigen Umladen hatten die Astronauten Scott und Irwin ihre privaten Pilotenkisten in der Fähre vergessen.

In den Kisten befanden sich die typischen Mitbringsel, die durch einen Aufenthalt auf dem Mond hätten geadelt werden sollen: Flaggen, Goldmünzen, Medaillen, Briefe und Plastikkleeblätter, die der am St. Patrickstag geborene Ire James Irwin mitgenommen hatte.

Vor allem aber enthielten sie den Umschlag mit der auf dem Mond ersttagsgestempelten Raumfahrtbriefmarke. Für Philatelisten sozusagen die blaue Mauritius des Mondes!

Andere historische Mond-Souvenirs irdischer Herkunft stellen die russischen Mondsonden dar. Das erste irdische Trumm, das je auf dem Mond landete, war Luna 2 am 13. November 1959. Es dürfte am Rande des Mare Imbrium zwischen Archimedes und Autolycus auf dem Grund eines stattlichen selbstgeschlagenen Kraters liegen.

Als Fundstücke besonders begehrt sind die Sonden, die offiziell gar nicht existiert haben. 1965, auf dem Höhepunkt des Mondwettlaufs zwischen UdSSR und USA, startete Rußland sechs Luna-Sonden, von denen nur vier überhaupt auf Mondkurs gingen. Eine flog vorbei, und die anderen drei setzten äußerst unsanft auf.

Täuschen Sie sich aber nicht über die geringen Chancen, so etwas zu finden. Es ist äußerst schwierig, aus der Luft in der Sahara ein Objekt von der Größe eines Autos zu finden. Von einem Landfahrzeug aus ist es praktisch unmöglich. Allein die Vorderseite des Mondes ist fast dreimal so groß und ungleich zerklüfteter als die Saharawüste.

Ausblick

Rohstoffe auf dem Mond

„Ist die Erdoberfläche wirklich der richtige Ort für die weitere Ausdehnung unserer technischen Zivilisation?" fragt der Präsident des Space Studies Institute, Gerard K. O'Neill. Er ist überzeugt, daß es auf dem Mond ausreichend Sauerstoff, Silicon, Metalle und andere Rohstoffe gibt, um dort eine eigenständige Produktion aufzubauen.

Controlled Ecological Life Support System (CELSS): Die Pflanzen sorgen für Sauerstoff und liefern Nahrungsmittel

Dann ließe sich die reichlich vorhandene Sonnenenergie nutzen, um Treibstoffe oder andere Energieformen herzustellen, mit denen der Mond als wirtschaftlich günstige Abschußrampe für weite Weltraumreisen ausgebaut werden könnte.

Einen anderen, viel zu wenig beachteten Rohstoff sieht O'Neill in den riesigen leeren Wasserstofftanks der Space Shuttles. Anstatt diese fast in der Erdumlaufbahn befindlichen Körper als Müll auf die Erde zurückzuschießen, sollten sie zu vertretbaren Kosten auf den Mond verfrachtet werden. Dort dienen sie als Grundlage für bewohnte Mondbasen oder als Sammelbehälter für auf dem Mond gewonnene Treibstoffe.

Es existieren bereits hochfliegende Pläne für unbemannte Prospektoren-Roboter, die den Mond nach wirtschaftlich interessanten Bodenschätzen durchstöbern. Die größte Hoffnung richtet sich dabei auf Vorkommen von Meteoriteneis am Südpol. Dies wäre die Grundlage für die Produktion von

Energie vom Mond

Auf der Suche nach Rohstoffen, die es nur auf dem Mond, aber nicht auf der Erde gibt, stießen die Forscher auf das Edelgas-Isotop Helium 3. Durch den über Milliarden von Jahren andauernden Beschuß mit der energiereichen kosmischen Strahlung werden im Mondstaub Reaktionen ausgelöst, die zur Entstehung seltener Edelgase führen.

In Verbindung mit schwerem Wasser wäre Helium 3 der ideale Brennstoff für den in der Entwicklung befindlichen Fusionsreaktor. Spezialroboter könnten im Tagebau aus dem Mondstaub durch Erhitzen und Destillation den begehrten Stoff gewinnen.

Eine mühsame Prozedur: Ein 18 Tonnen schwerer „Mobile Miner", der 1.300 Tonnen Monderde pro Stunde umwälzt, könnte in einem Jahr 33 kg Helium 3 produzieren. Es sind also ganze Herden solcher Roboter nötig, um die 5 Tonnen Helium 3 zu gewinnen, die den jährlichen Energiebedarf der gesamten USA decken könnten.

Unbemannte Raketen transportieren das gewonnene Helium 3 auf die Erde. Die Energiebilanz des futuristischen Brennstoffs ist phantastisch: Selbst wenn der Abbau einer Tonne Helium 3 eine Milliarde Dollar kostet, entspräche das einem Energiepreis von nur 7 Dollar pro Barrel Öl.

Helium-3-haltiger Mondstaub ist genug da: Auf dem Mond lagert zehnmal mehr Energie in Form von Helium 3, als in allen Öl-, Gas- und Kohlevorkommen der Erde verfügbar ist.

Japanische Mondstädte

Am weitesten ist die Planung in Sachen Mondbesiedlung beim japanischen Baukonzern Obayashi gediehen. Getreu dem Motto des Unternehmens „Weit übers Meer, tief in die Erde und hoch hinaus in den Himmel" gibt es dort recht konkrete Visionen von einer riesigen Biosphäre, in der Bakterien für saubere Luft und Pflanzenkulturen für ausreichend Nahrung sorgen. Intelligente Konstruktionen sollen Meteoriten abfedern, und man hofft auf die baldige Fertigstellung der Touristenrakete „Kankoh-maru".

Ab dem Jahr 2007 könnte die wiederverwendbare Rakete, die bereits der Öffentlichkeit vorgestellt wurde, 50 Touristen für Tagesausflüge ins All schießen. Ticketpreis: DM 30.000. In einer späteren Phase werden dann Weltraumstationen und danach die Städte auf dem Mond angeflogen.

Die Japanese Rocket Society, ein Zusammenschluß mehrerer Raumfahrtfirmen, darf bei der Entwicklung mit umgerechnet etwa 40 Milliarden Mark staatlicher Subventionen rechnen.

Der Markt wurde bereits erforscht: 70 Prozent der Japaner seien bereit, bis zu drei Monatsgehälter für einen Ausflug ins All zu bezahlen. Gut 100.000 Mark soll im Jahre 2025 ein 14tägiger Ausflug auf den Mond kosten.

An Selbstbewußtsein mangelt es den Japanern dabei nicht. Chefplaner Takao Saito vom Bauunternehmen Obayashi erklärt entschlossen: „Der Mond ist für uns nur ein Test. Unser eigentliches Ziel ist der Mars."

Die Straße von Moçambique

Ausflüge

Transportmittel

Wie bewegen Sie sich auf dem Mond fort? Die Frage ist kniffliger, als sie auf den ersten Blick erscheint. Zu Fuß kommen Sie im unförmigen Raumanzug und mit begrenztem Sauerstoffvorrat nicht weit. „Mondwandern" wird niemals eine Sportart werden, hier wird es beim Spaziergang bleiben.

Mit dem Elektroauto, dem Mondrover oder späteren, geländegängigeren und größeren Fahrzeugen wird der Aktionsradius etwas größer.

Aber auch dort gibt es Grenzen: Die Oberfläche des Mondes ist ausgesprochen unwegsam. Alles ist mit Gesteinsbrocken übersät, unter dem dicken Staub können Spalten und Schlaglöcher lauern.

In den relativ flachen Mondmeeren kommt man vielleicht mit maximal 30 km/h voran, aber schon nach wenigen Kilometern stellen sich immer wieder Krater, Spalten oder Risse in den Weg. Eine Gesamterforschung des Mondes auf dem Landweg erscheint fast unmöglich.

Einige Phantasten träumen von Einschienenbahnen und Fahrstühlen zu den besonderen Sehenswürdigkeiten. Aber wie sollen die Unmengen irdischen Materials dafür auf den Mond gelangen? Investitionen, die sich niemals amortisieren würden.

Moon Buggy

Die Chancen stehen übrigens schlecht, daß die „Moon Buggies" von Apollo 15 bis 17 noch funktionieren. Das offiziell LRV genannte Fahrzeug (Lunar Roving Vehicle) wog auf der Erde 270 kg und war für ein Tempo von bis zu 18 km/h ausgelegt. Es wurde von Apollo 15, 16 und 17 benutzt und legte dabei in insgesamt viereinhalb Stunden Fahrzeit rund 36 km auf dem Mondboden zurück.

Die zwei 36 Volt-Silber-Zink-Batterien mit je 121 Ah dürften als erstes ihren Geist aufgegeben haben. Gebaut für eine Arbeitstemperatur zwischen 4° und 52° C mußten sie nach jeder Benutzung durch die Apollo-Astronauten penibel mit

»Siehst du, das hasse ich am Tourismus.«

Kühlelementen und Hitzeschilden versehen werden. Die Herstellerfirma GM Delco behauptete zwar, das LRV müßte noch laufen, „wenn Sie ein Paar frische Akkus mitbringen". Nach der Meinung von Saverio Morea, dem Technischen Direktors des NASA Marshall Space Flight Centers in Alabama, ist es aber ungewiß, ob das empfindliche Gefährt die unzähligen Temperaturzyklen seit dem Abflug der letzten Apollo-mannschaft überstanden hat.

Mitglieder der amerikanischen Arbeitsgruppe „Mondtourismus" setzen sich ohnehin dafür ein, die Landeplätze der ersten Mondlande-missionen einzuzäunen und als historische Stätten für die Nachwelt zu erhalten.

Raketenhopser

Fliegen ist wegen der nicht vorhandenen Atmosphäre unmöglich, bleibt also wieder einmal nur der Einsatz der Raketenkraft. Es gibt allerlei Pläne für „Lunar Modules" (LM), die ähnlich aufgebaut sind wie das LTV (Lunar Transfer Vehicle):

spinnenbeinige Kapseln mit einem Raketentriebwerk an der Unterseite.

Nach einem kräftigen Startstoß fliegen sie wie ein Geschoß in einer ballistischen 45-Grad-Bahn über die Oberfläche und müssen zur Landung mit einem weiteren gezielten Stoß aus dem Triebwerk gebremst werden.

In der Praxis ist die Steuerung solcher rein ballistischer Transportmittel höchst diffizil, wie man aus dem Apollo-Training auf der Erde weiß. Dort hatten die Astronauten als Übungsgerät für die Mondlandung ein „fliegendes Bettgestell", mit dem es viel Ärger gab.

Dreimal mußten sich Astronauten mit dem Schleudersitz retten, denn wenn die Konstruktion erst einmal in eine instabile Fluglage kam, gab es keine Möglichkeit, mit dem nur einen Feuerstrahl zu korrigieren.

Bei der Beschreibung Ihrer Exkursionen gehen wir davon aus, daß Sie ein verläßliches Transportsystem zur Verfügung haben, um die interessantesten Punkte auf dem Mond zu erreichen.

Alleine auf dem Mond

Aus Sicherheitsgründen ist es nicht vorgesehen, daß Sie auf eigene Faust den Mond erkunden. Sie sollten aber schon während der Vorbereitungszeit im Trainingscamp Ihr Interesse anmelden, wenigstens ein bis zwei Stunden völlig alleine auf der Mondoberfläche verbringen zu dürfen. Dann erhalten Sie eine spezielle Einweisung in die Lebenserhaltungssysteme des Raumanzuges und werden mit einem *Emergency Device* (Sicherheitssystem) ausgerüstet. Sobald Sie nicht mehr regelmäßig atmen, wird Alarm ausgelöst.

Entfernen Sie sich nicht zu weit von der Basis. Es genügt schon, wenn die Spuren der Zivilisation hinter einem Gesteinsvorsprung verschwinden, und Sie erleben den wirklichen Höhepunkt Ihrer Reise.

Kein Mondfahrer, den nicht dieser Blick auf die weit entfernte Erde im Innersten ergriffen und verändert

hätte. Machen Sie sich gefaßt auf ein Wechselbad verschiedenster Emotionen, von extremer Einsamkeit bis zu einer glühenden Liebe zu Ihrem Heimatplaneten Erde.

Es ist völlig unerforscht, welche seelischen Auswirkungen es für den menschlichen Körper und die Seele hat, wenn er dem Schwerefeld der Erde, dem Magnetfeld und den vielfältigen energetischen Einflüssen der Erde vollkommen entzogen ist.

Menschen in Raumstationen auf der Erdumlaufbahn sind unserem Planeten noch verhältnismäßig nah.

Auf dem Mond aber tauchen Sie ein in völlig neue Erfahrungssphären.

Es gibt Hinweise, daß bei bestimmten seelischen Erkrankungen ein Aufenthalt auf dem Mond aus medizinischer Sicht Heilung bringen könnte.

Jesco von Puttkamer, im NASA-Hauptquartier zuständig für die strategische Planung der bemannten Raumfahrt, spricht vom „Overview-Effekt", bei dem ein übersteigertes Ego angesichts der Dimensionen des Universums sein eigenes Maß finden könne. Eine wesentliche

Motivation zur Erschließung des Mondes sind neben den vielfältigen naturwissenschaftlichen Interessen solche parawissenschaftlichen, spirituellen Überlegungen.

Die ersten Mondfahrer berichteten, daß sich ihre Schritte und Sprünge auf dem Mond unvergeßlich in ihre Erinnerung eingegraben haben. Manche vollführten dabei heimliche Rituale, über die sie mit keinem Menschen jemals sprechen würden. Es gibt zwischen ihnen und dem Mond eine Art heimlicher Verbindung.

Die für den Menschen vollkommen andersartige Umgebung setzt in seinem Bewußtsein neue Regionen frei, ein klarerer Blick nicht nur auf das Universum, sondern vor allem in das eigene Innere. Man hat den Glauben, den man auf der Erde hat, auch auf dem Mond. Die meisten amerikanischen Astronauten waren sehr bewußte Christen, die ihre gewohnten Empfindungen und Einsichten über Gott hierher mitgebracht hatten. In der Extremsituation steht das erlernte Glaubens-

„Auf dem Mond überkam mich kristallklar das Gefühl der unermeßlichen Macht Gottes. Auf dem Mond fühlte ich die überwältigende Präsenz Gottes. Ich spürte seinen Geist so nah, wie ich es nie auf Erden spürte, ganz nah, es war umwerfend."
James Irwin (Apollo 15)

system jedoch auf einer besonderen Bewährungsprobe. Im Mondlicht wird klar, was Sie wirklich trägt.

Bei Ihrer Reise zum Mond wird es viel um Technik, Physik und Fachwissen gehen. Aber lassen Sie sich dadurch nicht von Ihrer Konzentration auf sich und Ihre eigenen Erfahrungen abbringen.

Stehen Sie auch zu Ihrer Angst und versuchen Sie nicht, alles im Kopf durch Planung und Training zu lösen.

Ein großer Schuß Pioniergeist und Urvertrauen sind allemal am besten geeignet, mit unvorhergesehenen Situationen fertig zu werden.

Buzz Aldrin, fotografiert von
Neil Armstrong (Apollo 11)

Ausflüge auf der Vorderseite

Die beste Tageszeit

Beachten Sie, daß die beste Zeit für Besichtigungstouren der frühe Mondmorgen ist.

Dann ist das Gestein noch kühl, die Temperaturen sind noch erträglich.

Zum Fotografieren die beste Zeit, denn das schräg einfallende Licht läßt die Strukturen der Mondoberfläche schön hervortreten.

Damit Sie besser planen können, ist bei jedem Ausflugsziel der Zeitpunkt des dortigen Sonnenaufgangs angegeben, der Einfachheit halber in der klassischen Form (Erdtage Abstand vom Neumond, erstes Viertel, Halbmond, letztes Viertel, Vollmond). Davor stehen die ungefähren Koordinaten des Ortes, damit Sie sich auf einem Mondatlas zurechtfinden.

Das Schrötertal

Lage: 26° N, 51° W
Sonnenaufgang 4 Tage nach dem ersten Viertel

Daß es mit diesem Tal etwas Besonderes auf sich hat, wird bereits mit einem mittelguten Fernrohr von der Erde aus deutlich. Vallis Schröteri ist insgesamt 160 km lang und beginnt 25 km nördlich des Kraters Herodotus mit einer eigentümlichen Formation, die von oben wie der Kopf einer Kobra wirkt.

Eine Wanderung über mehrere Kilometer im Raumanzug hat wenig Sinn, deshalb sollten Sie als Ausgangspunkt die scharfe Biegung westlich vom Krater Freud wählen.

Hier hat das Tal eine Tiefe von über 1.000 m und ist knapp 500 m breit, also eindrucksvollere Maße als der irdische Grand Canyon.

Wagemutige lassen sich hier mit der Winde des Mondwagens hinab, aber den schönsten Blick haben Sie von oben. Links und rechts blicken Sie tief in den Canyon hinein, dessen Boden nur bei sehr günstigem Sonnenstand erhellt wird.

Auf dem Grund des Tals windet sich eine gewellte Rille. Sie erweckt den Eindruck, als ob dort früher ein Fluß seinen Lauf ins Gestein grub. Aber wie immer handelt es sich um Überreste einst brodelnder Lava.

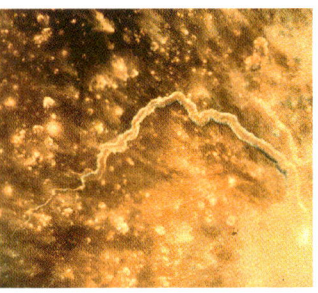

Vallis Schröteri

Die Große Wand

Lage: 22° S, 8° W
Sonnenaufgang nicht ganz einen
Tag nach dem ersten Viertel

Eine eindrucksvolle Landschaft erwartet den Mondbesucher nahe dem Krater Birt im Mare Nubium. Der Rupes Recta, die „Gerade Wand" (Straight Wall), ist auch mit einem kleineren Fernrohr von der Erde aus gut sichtbar.

Die über 100 km lange, 240 m hohe Verwerfung zwischen zwei Basaltebenen bildet einen etwa 40 Grad geneigten, in sich ebenen Hang. Vor Ort ist das ein enormes Naturschauspiel.

Wegen der kurzen Horizontentfernung auf dem Mond erscheint es, als ob die Stufe zwischen den Ebenen gar nicht mehr endet und sich um den ganzen Himmelskörper erstreckt. Der Effekt wirkt am besten von der oberen Ebene, weshalb dieser Punkt zum festen Repertoire jeder Tour gehört.

Malereien auf dem Mondboden

Lage: 8° N, 59° W
Sonnenaufgang 5 Tage nach dem ersten Viertel

Westlich vom Krater Reiner im Oceanus Procellarum weist der Mondboden eigentümliche Verfärbungen auf, die den Umrissen eines Fisches mit ausgefranstem Schleierschwanz ähneln.

Detailaufnahmen von Bord der Raumsonden Lunar Orbiter und Clementine zeigten keinerlei Reliefspuren.

Es handelt sich bei der als Reiner Gamma bezeichneten Struktur also um seltene Unregelmäßigkeiten im sonst einfarbigen Staubmantel des Mondes. Japanische Bergbauunternehmen hoffen, daß hier vielleicht Schichten zu Tage treten, deren Abbau sich lohnt.

> „Wo vorher intellektuelle Suche gewesen war, regte sich plötzlich ein tiefes Gefühl in mir, etwas sei ganz anders geworden. Dieses Gefühl ist bei dem Blick auf die Erde erwachsen."
> *Edgar Mitchell (Apollo 14)*

Die Alpen
Lage: 45° N, 0°
Sonnenaufgang kurz vor dem
ersten Viertel

Hier dürfen Sie jodeln. Ja, es gibt tatsächlich Mondalpen. Ein wenig nördlicher als auf der Erde liegen die mächtigen Montes Alpes, die sich östlich vom gut sichtbaren kreisrunden Krater Plato über gut 250 km erstrecken.

Ähnlich wie auf der Erde gibt es hier eindrucksvolle Berge von bis zu 2.400 m.

Von der Oberfläche aus geben sie eine bizarre Kulisse ab. Nach Süden hin hören die Mondalpen jäh auf, und wie eine steile Meeresklippe ragt das Kap Agassiz ins Mare Imbrium.

Ganz stilecht wurde das Kap nach einem Schweizer Naturforscher benannt. Gut 50 km nördlich davon erhebt sich der mächtige Mons Blanc, mit 3.600 m allerdings mehr als einen Kilometer niedriger als sein ir-

102

Plato

disches Pendant. Am Ostrand liegt eines der bekanntesten Mondtäler, das 180 km lange Vallis Alpes. Der Talgrund ist eben, wurde also noch in der Phase des flüssigen Mondgesteins überflutet.

Durch die Mitte des Tals zieht sich eine sehr schmale, gewundene Rille. Im Westen des Tals gibt es grandiose Blicke auf die Alpengipfel, die hier besonders hoch und in eigenartigen Formen aufragen.

Von der Erde aus bieten die Mondalpen bei Sonnenaufgang dramatische Bilder, weil lange, spitze Schatten den Eindruck von steil aufragenden Säulen erwecken.

Vallis Alpes

Mondhöhlen
Lage: 0°, 24° E
Sonnenaufgang 5 Tage nach Neumond

Lava auf der Erde bildet vielfältige Kammern und Röhren, und auch auf dem Mond vermutet man seit langem unterirdische Hohlräume. Die relativ kurzen Apollo-Missionen konnten keine derartigen Formationen nachweisen, aber nur 45 km südlich vom Apollo 11-Landeplatz befindet sich eine Stelle mit bemerkenswerten Lavagebilden.

Der Krater Moltke ist perfekt rund, 7 km im Durchmesser und 1.300 m tief. Dadurch haben Sie auch in der Mitte des Kraters immer die umgebenden Berge im Blick. Den scharfen Kraterrand müssen Sie zu Fuß überwinden.

Die ideale Zeit wäre etwa einen Tag nach Sonnenaufgang an dieser Stelle, so daß der Terminator mitten im Krater steht.

In und um Moltke muß es viele Lavaröhren gegeben haben, die in-

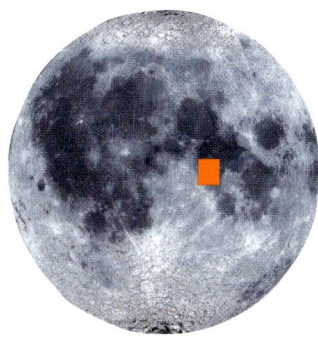

zwischen teilweise eingestürzt sind und Höhlen in allen erdenklichen Größe zurückgelassen haben. Aber Vorsicht bei Erkundungen auf eigene Faust: Das Gestein ist äußerst bröselig, alle Höhlen also höchst einsturzgefährdet.

Für die Besiedlung des Mondes sind solche unterirdischen Lagermöglichkeiten wichtig, weil sich hier Ausrüstungsgegenstände bei einigermaßen konstanten Temperaturen unterbringen lassen.

Descartes

Lage: 9° S, 0°

Sonnenaufgang einen Tag vor dem ersten Viertel

In diesem mit zahlreichen zerfallenen Kratern übersäten Gebiet landete die Expedition Apollo 16 – 50 km nördlich von Descartes und 60 km westlich von Zöllner.

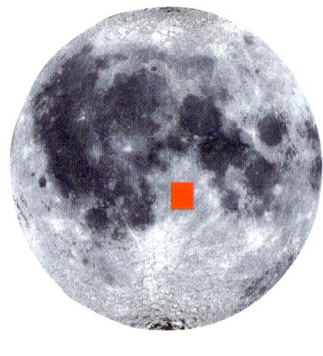

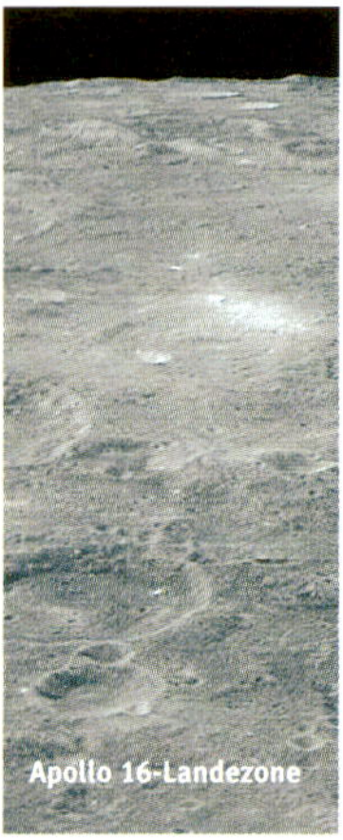

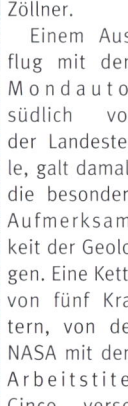

Apollo 16-Landezone

Einem Ausflug mit dem Mondauto, südlich von der Landestelle, galt damals die besondere Aufmerksamkeit der Geologen. Eine Kette von fünf Kratern, von der NASA mit dem Arbeitstitel Cinco versehen (spanisch „fünf“), versprach vulkanischen Ursprungs zu sein.

Vor Ort mußten die Astronauten schnell feststellen, daß es hier keinerlei Spuren gab, die auf Vulkane hindeuteten.

Auf Grund ihrer geologischen Ausbildung sahen sie den Mondbrocken sofort an, daß sie wie alle anderen auch durch Meteoriteneinschläge entstanden waren.

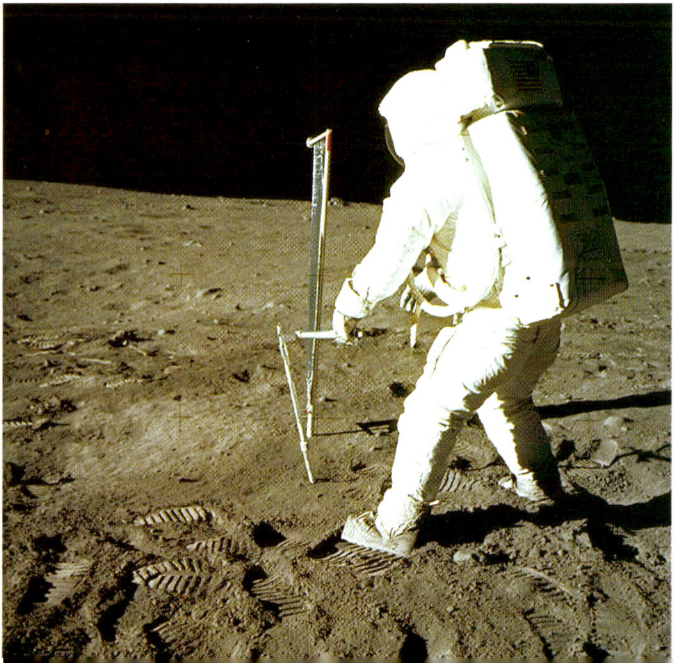

»Thompson kriegt hier kaum was mit. Er lebt hinter dem Mond.«

Irre Rillen

Lage: 8° N, 6° E
Sonnenaufgang nicht ganz 1 Tag
vor dem ersten Viertel

Verrückte Formationen in einem verrückten Gebiet. Die ganze Gegend zwischen Mare Vaporum, Sinus Medii und Mare Tranquillitatis ist voller zerklüfteter Radialstrukturen und ausgefranster Krater, als wäre ein gigantischer Sturm darüber hinweggefegt.

In der Ebene nördlich des Kraters Agrippa liegen mehrere große Rillen, von denen die Rima Hyginus dadurch auffällt, daß sie den Krater Hyginus in der Mitte teilt. Weiter nordwestlich verwandelt sich die einige hundert Meter tiefe Rille in eine Reihe von Kratergruben, die miteinander zusammenhängen. Mit einem guten Mondauto bietet die Rille zünftiges Off-Road-Fahrvergnügen.

Südwestlich von Hyginus beginnt das bekannteste und reichhaltigste Rillensystem des Mondes, rund um

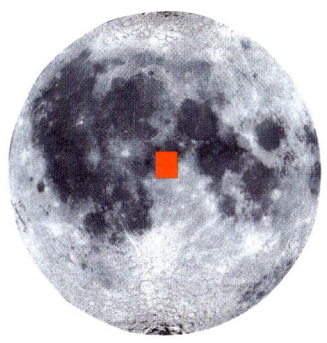

den ausgeprägten 2.760 m hohen Krater Triesnecker. Die meist 1 bis 2 km breiten Rillen sind untiefe Täler mit flachem Grund, wirken von der Erde aus aber wegen ihrer steilen Wände wie bodenlose Zerklüftungen.

Weil sich die Rillen immer wieder verzweigen, gab es wiederholt Spekulationen, daß sie ein von Mondbewohnern angelegtes Straßensystem darstellen.

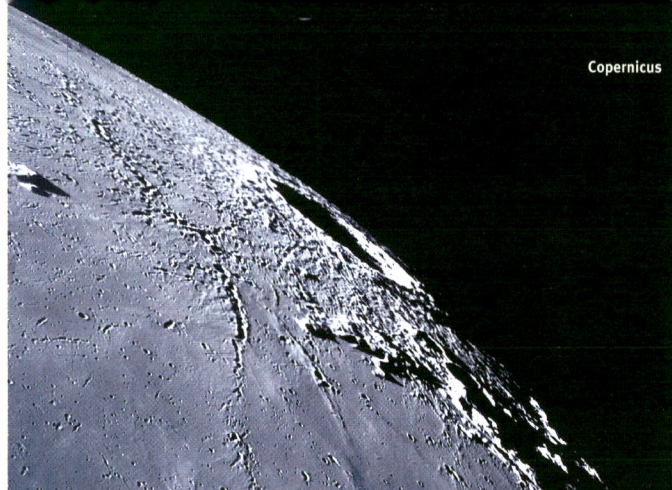

Copernicus

Rund um Copernicus

Lage: 10° N, 20° W. Sonnenaufgang 1,5 Tage nach dem ersten Viertel

Die beherrschende Formation auf der Vorderseite des Mondes ist der kolossale Krater Copernicus, ein zerfurchtes Ringgebirge von 93 km Durchmesser, dessen Boden bis 3.760 m tiefer liegt als der umgebende Wall. Die Außenseite der Kraterböschung ist äußerst unwegsam und steigt bis zu 900 m über das umliegende Gelände auf. Die Chancen stehen schlecht, jemals auf dem Landweg die imposanten, bis 1.200 m hohen Zentralberge im Kraterinneren zu erreichen. Copernicus wird aber ein bevorzugtes Ziel innerlunarer Besichtigungsflüge sein.

Versäumen Sie nicht den etwa 12 km breiten Doppelkrater Fauth, 50 km südlich vom Copernicus-Südrand, der die Form eines Schlüssellochs hat und ein wichtiger Orientierungspunkt für Mondflieger ist.

Von der Erde aus bietet Copernicus im Sonnenuntergang (1,5 Tage nach dem letzten Viertel) ein spektakuläres Schauspiel. Dann versinkt der Kraterboden im Schatten, der Ostwall des Copernicus leuchtet

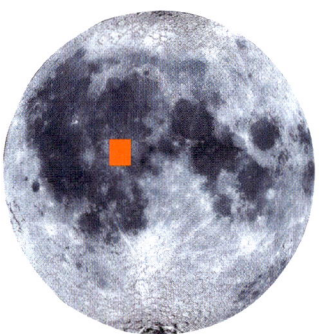

Copernicus

aber wie eine Mondsichel im dunklen Teil des Mondes

Epsilon Peak

Lage: 90° S, 0°

Der Südpol bietet bei jedem Sonnenstand besucherfreundliche
Temperaturzonen

Der höchste Gebirgszug des Mondes ist das Leibnitz-Gebirge in der
Nähe des Südpols. Über 10.000 m
erheben sich die Gipfel der Kraterränder hier über das umliegende
Terrain, höher als die höchsten
Berge auf der Erde.

Die Region ist erst seit der Erschließung des Mondes bekannt, da
der Südpol von der Erde aus
schlecht beobachtbar ist und auch
von Mondsonden nur ungenügend
erfaßt wurde.

Der französische Populärastro-
nom Camille Flammarion (1842–
1925) nannte den 9.050 m hohen
Epsilon-Gipfel „Berg des Ewigen
Lichts", weil ein Teil davon fast
immer von der Sonne beschienen
wird, gleichgültig, in welcher Phase
sich der Mond befindet. Der Gipfel
scheint in allen Regenbogenfarben
zu glühen, so daß man im 19. Jahr-

hundert noch dachte, er sei schnee-
bedeckt. Die Amundsen-Ebene am
Fuß von Epsilon Peak dagegen
bleibt in ewiger Dunkelheit, weshalb sich auf diesen Teil des Mondes große Hoffnungen richten.

Eine besondere Attraktion werden die Pole des Mondes durch die
1998 entdeckten Wasservorkommen. Im ewigen Schatten der polna-
hen Kraterränder haben sich die
Reste unzähliger eishaltiger Kome-
ten erhalten, die in bis zu 3 m Tiefe
unter der Oberfläche liegen können.

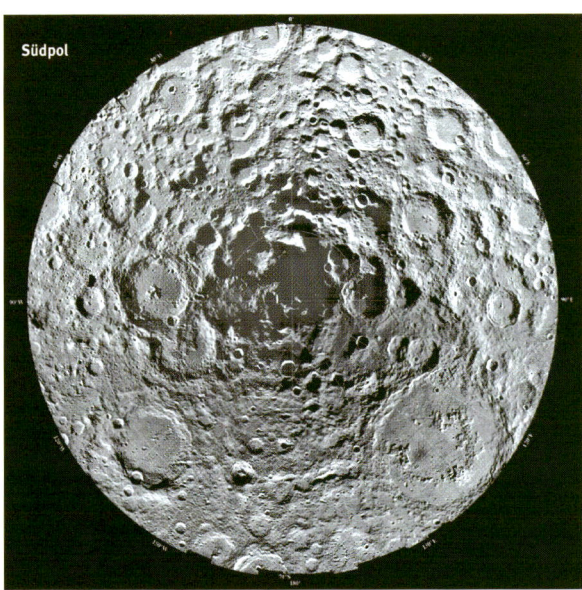

Südpol

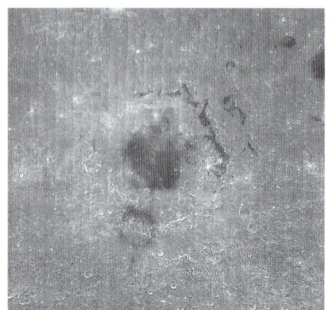

Mons Gruithuisen Gamma

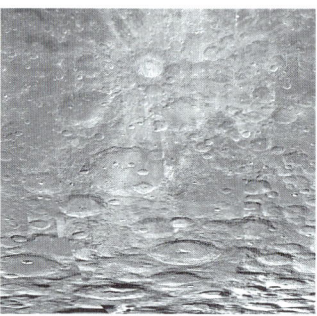
Hortensius

Mons Gruithuisen Gamma

Lage: 36° N, 40° W
Sonnenaufgang 3 Tage nach dem
ersten Viertel

Mal etwas anderes ist dieses kreisrunde, 20 km breite Gebirgsmassiv.
Wie ein umgestürzter Pudding wirkt
der glatte Bergrücken, der durch
eine riesige Gasblase im darunter-
liegenden Gestein entstanden sein
könnte.

Auf dem Gipfel thront keck ein
kleiner glatter Krater von 900 m
Durchmesser – unter Sternguckern
ein beliebter Leistungstest für
größere Fernrohre.

Gleich gegenüber in westlicher
Richtung liegt Gruithuisen Delta,
der einmal ganz ähnlich ausgesehen

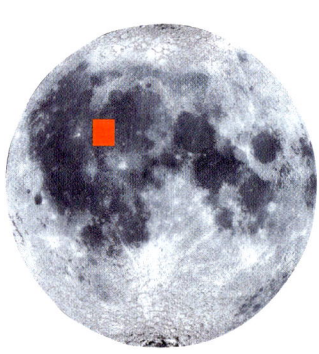

haben muß, aber stark verwittert
ist. 100 km südlich der beiden liegt
der Krater gleichen Namens, der
aussieht wie die Puddingform für
den Puddingberg.

Dome bei Hortensius

Lage: 7° N, 28° W
Sonnenaufgang 2,5 Tage nach dem
ersten Viertel

Noch mehr solche Dome, allerdings
nicht ganz so groß (10–12 km
Durchmesser, 300–400 m hoch),
nördlich des Kraters Hortensius. Ul-
kigerweise haben auch sie alle auf
dem Rücken einen 1 km breiten
Kleinkrater. Möglicherweise handelt
es sich bei ihnen um vulkanische Er-
scheinungen.

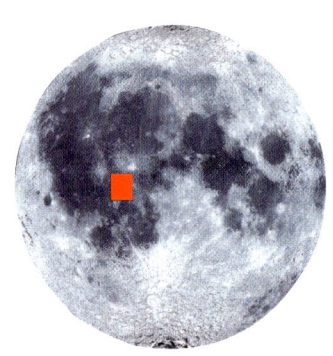

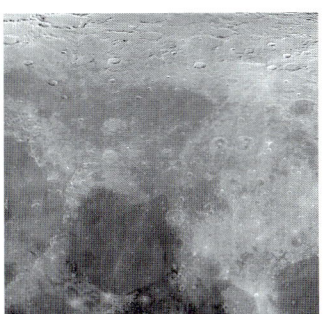
See des Todes

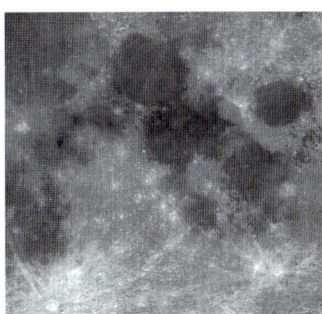
Lamont

Der See des Todes

Lage: 45° N, 28° E
Sonnenaufgang 2 Tage vor dem
ersten Viertel

Einst gab es hier einen Riesenkrater
von über 150 km Durchmesser und
steil aufragenden Wällen, der sich
mit flüssigem Gestein aus der Tiefe
des Mondes füllte. Der Wall ist inzwischen höchst malerisch verwittert, Furchen und Rillen durchziehen
den erstarrten See (Lacus Mortis),
und genau in der Mitte der runden
Ebene erhebt sich nun der später
entstandene, 40 km breite Krater
Bürg. Nördlich und südwestlich von
ihm gehen breite Meeresrücken
aus, als wollten riesige Arme vom
Grund des Sees den störenden Krater wegschieben.

Der Geisterkrater

Lage: 5° N, 23° E
Sonnenaufgang 2 Tage vor dem
ersten Viertel

Einzigartig ist Lamont, ein 75 km
breiter Krater, der in Wirklichkeit gar
kein Krater ist, sondern von Meeresrücken im Westteil des Mare Tranquillitatis gebildet wird. Diese
Rücken, entstanden durch aufquel-
lendes Magma in der Sturm-und-
Drang-Zeit der geologischen Mond-
geschichte, sind bis zu 10 km breit
und bis zu 200 m hoch.

Beim Überfliegen wirken sie wie
die flachen Hügelketten des Voral-
penlandes, das sich hier über viele
hundert Kilometer nördlich vom
Landepunkt der ersten Menschen
auf dem Mond hinzieht.

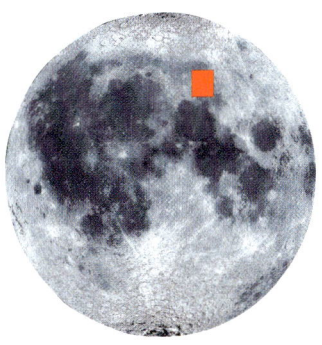

Tycho

Lage: 43° S, 11° W
Sonnenaufgang 1 Tag nach dem
ersten Viertel

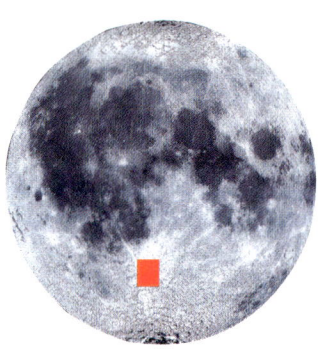

Mit einem Alter von etwa 100 Millionen Jahren ist Tycho einer der jüngsten Krater, was man schon von der Erde aus gut feststellen kann. Sein Strahlensystem aus ausgeworfenem Material erstreckt sich über 1.500 km und überdeckt alle älteren Krater.

Bei Vollmond ist Tycho (in der Nähe des Mondsüdpols) der auffälligste Krater des Mondes. Der helle Kratergrund ist von einem dunklen Ring von etwa 150 km Durchmesser umgeben, daran anschließend ist das riesige Feld seines hellen Auswurfmaterials gut zu erkennen. Das Ganze gibt dem Vollmond das Aussehen einer Orange, mit Tycho als Nabel. Tycho bietet auch Mondbesuchern einen spektakulären An-blick. Mit einem Durchmesser von 85 km und einer Tiefe von 4.850 m gehört er zu den imposantesten Ringgebirgen. Das Zentralmassiv in der Mitte des Kraters ist 1.600 m hoch, und der sehr unebene Grund macht Erkundungsfahrten fast unmöglich. Vom Rand aus aber bietet Tycho einen der fotogensten Kraterblicke.

Der übergelaufene Krater

Lage: 50° S, 60° W
Sonnenaufgang 2–3 Tage vor
Vollmond

Normalerweise liegt der Grund eines Kraters stets tiefer als die Umgebung. Hier ist die Ausnahme: Der Krater Wargentin mit 84 km Durchmesser wurde nach seiner Entstehung bis zum Stehkragen mit Lava gefüllt, so daß er jetzt eine kreisrunde Hochfläche mit Y-förmigen Meeresrücken bildet.

Der lebende Rätselpunkt

Lage: 28° N, 12° E
Sonnenaufgang 1 Tag vor dem
ersten Viertel

Viel Aufregung gab es seit der zweiten Hälfte des 19. Jahrhunderts um den kleinen und jungen Krater Linné (2,4 km Durchmesser, 600 m tief). Der deutsche Mondforscher Julius Schmidt (1825–1884) schlug 1866 Alarm. Der kleine Krater habe sich in eine Wolke verwandelt, und andere Beobachter machten kurz danach eine kleine Vertiefung aus. Man dachte an den Aschekegel eines Vulkans oder an flüssige Lava, die den Krater gefüllt hatte und nun über den Rand floß.

Der amerikanische Astronom William Henry Pickering hielt den weißen Fleck für einen Ring aus Rauhreif, der sich im Sonnenlicht spürbar verkleinerte. So sehr, daß einige Beobachter sogar das komplette Verschwinden von Linné meldeten.

Zuguterletzt stellte sich alles als Beobachtungsfehler heraus, typisch für Beobachtungen an der Grenze des Auflösungsvermögens der Teleskope. Bei Ihrem Besuch bleibt von dem ganzen Wirbel nur noch eine nette Geschichte für den Fremdenführer.

Rydberg

Das Museum

Lage: 1° N, 23° E
Sonnenaufgang 2 Tage vor dem
ersten Viertel

Der Landeplatz der ersten bemannten Mondfähre am Rande des Mare
Tranquillitatis ist ein streng abge-
sperrter Bereich, der von den Ameri-
kanern verständlicherweise als
„Wallfahrtsort" ersten Grades ver-
marktet wird.

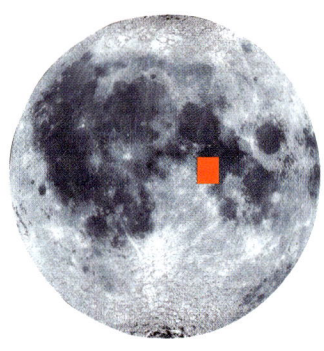

Auf Mondkarten wird der Platz
stolz als Niederlassung (Statio Tranquillitatis) geführt. Neil Armstrongs
erste Fußabdrücke vom 21. Juli
1969 werden dann längst mit einer
Plexiglasscheibe vor der Zerstörung
durch Schaulustige geschützt sein.
Auch das Unterteil der Mondfähre,
die Flagge und die zurückgelasse-
nen Meßinstrumente sind seit
jenem denkwürdigen Datum nicht
mehr verändert worden.

Wenn Sie hier in einer größeren
Gruppe von Mondbesuchern stehen
und den etwas pathetischen Worten
des Führers lauschen, werden Sie
sich der Faszination dieses Ortes
nicht entziehen können. Ich finde allerdings, daß Sie das wirklich an-
rührende Pioniererlebnis nur fühlen,
wenn Sie sich zu einer Alleintour
entschließen (siehe S. 96).

Nördlich des Landeplatzes liegen
drei kleine Krater, die nach den ersten Mondfahrern benannt wurden.
Der 4,6 km breite Krater Armstrong
im Osten heißt auf alten Mondkarten noch Sabine E. Der zugehörige
30 km breite Hauptkrater Sabine

liegt 150 km westlich davon und ist nicht nach einer Frau, sondern nach dem irischen Astronom Sir Edward Sabine (1788–1883) benannt.

30 km westlich von Armstrong liegt der Krater Collins, mit nur 2,4 km Durchmesser. Collins war es als Pilot der Kommandoeinheit nicht vergönnt, den Mond zu betreten. Der Krater Aldrin ist 3,4 km breit und wie die anderen alles andere als aufregend. Trotzdem wird keine Tour versäumen, sie zu zeigen.

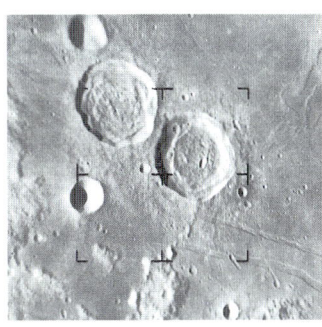

Ritter und Sabine

Die Brücke

Lage: 15° N, 48° E
Sonnenaufgang 4 Tage nach Neumond

Am 29. Juli 1953 entdeckte John O'Neill, Wissenschaftsredakteur der *New York Herald Tribune*, bei Mondbeobachtungen mit seinem eigenen Teleskop eine bisher einzigartige Formation: eine Brücke am Westrand des Mare Crisium, die das Kap Lavinium mit dem Kap Olivium verbindet.

Seinen Berechnungen nach hatte die „gigantische Naturbrücke" eine Spannweite von 30 km und eine Breite von 2 km. In der Presse erregte die Entdeckung Aufsehen, vor allem nachdem ein UFO-Enthusiast behauptete, die Spektralfotos des Mount Wilson Observatoriums hätten ergeben, daß die Konstruktion aus Eisen sei.

Die O'Neill-Brücke wäre in jedem Fall eine erstklassige Attraktion für Mondtouristen geworden, aber leider erwies sie sich spätestens nach den Fotos von Lunar Orbiter als weiterer Beobachtungsfehler.

Taurus-Littrow, Mare Serenitatis.
Das Bild zeigt Harrison H. Schmitt (Apollo 17)

Wo die Schwerkraft am höchsten ist

Lage: 18° N, 58° E
Sonnenaufgang 2–4 Tage nach Neumond

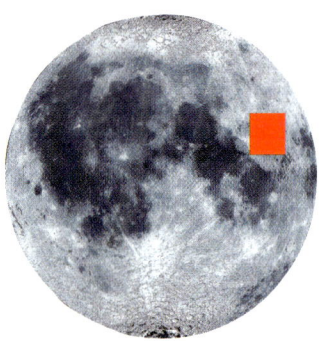

Das auffallend dunkel wirkende Mare Crisium dürfte in der Frühgeschichte des Mondes durch einen gigantischen Einschlag entstanden sein und erinnert in der Form an einen Krater mit 570 km Durchmesser.

Wenn Sie den Mond von der Erde aus betrachten, ist dieses ovale dunkle Meer eine der markantesten Strukturen: Wenn die Mondscheibe das Zifferblatt einer Uhr wäre, stünde Mare Crisium genau zwischen 2 und 3 Uhr, also am rechten Rand der Mondscheibe (bei Betrachtung von der Nordhalbkugel der Erde. Sind Sie südlich des Äquators, steht der Mond „auf dem Kopf").

Das Innere des Kessels wurde von mächtigen Schichten mehrerer Lavadecken überflutet. Der entstandene Materieüberfluß macht sich durch Anomalien des Mondschwerefeldes an dieser Stelle bemerkbar. Als Besucher werden Sie die Massekonzentration („Mascon") an dieser Stelle wahrscheinlich nicht bemerken, aber auf einer Waage wären Sie an dieser Stelle einige hundert Gramm schwerer als sonst auf dem Mond.

Im südlichen Teil des Mare Crisium landete am 28.10.1974 die russische Sonde Luna 23 und kehrte eine gute Woche später wieder zur Erde zurück. Nach altem Raumfahrtbrauch wurde eine hübsch gestaltete Plakette mit Hammer und Sichel zurückgelassen.

Der genaue Landepunkt ist immer noch unbekannt, und wenn Sie Spuren des unbemannten Besuchers entdecken, werden sich die russischen Mondforscher über eine Nachricht von Ihnen freuen.

„Du siehst aus dem Fenster und blickst, durch 400.000 Kilometer schwarzen Weltraum, zurück auf den schönsten Stern am Firmament. Die Erde ist in Schwärze getaucht, auch wenn du selber in strahlender Sonne bist. Der Raum, den die Sonnenstrahlen durchdringen, bleibt schwarz. Worauf schaust du? Durch was schaust du? Du kannst es das Universum nennen. Aber es ist die Unendlichkeit des Raumes und die Unendlichkeit der Zeit."
Eugene Cernan (Apollo 10, 17)

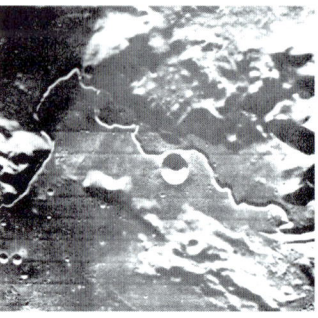

Rima Hadley

»Keine Sorge wegen der Auslastung. Alle unsere Vorstands-
sitzungen und Aktionärsversammlungen sind auf dem Mond.«

Rote Flecken

Lage: 21° S, 22° W
Sonnenaufgang 2 Tage nach dem
ersten Viertel

Eine weitere berühmte „Brücke"
überspannt das Tal Bullialdus W,
das sich nordwestlich des majestäti-
schen Kraters Bullialdus im Mare
Nubium erstreckt.

Bei steilem Sonnenstand wirkt
der flache Bergrücken beim Krater
Agatharchides O wie ein breites La-
vabrett, das das 15 km breite Tal in
einem eleganten Schwung überspannt.

Unmittelbar westlich daneben
scheint sich ein steiler Bergkamm
ebenfalls über das Tal zu erstrecken.
Bei Veränderung des Sonneneinfalls
wird hier allerdings schnell klar, daß
es sich um reine Bodenerhebungen
ohne Unterhöhlungen handelt.

Bullialdus könnte aber aus einem
anderen Grund attraktiv sein: Er
gehört zu den wenigen Kratern, in
dessen Nähe man eigenartige, nur

wenige Minuten dauernde Leuchter-
scheinungen in Form rötlicher
Flecke beobachtet hat.

Wahrscheinlich gibt es in dieser
Region bestimmte lumineszente Ge-
steinsarten, die durch das intensive
UV-Licht der Sonne zu einem „Kal-
ten Leuchten" angeregt werden.
Oder es handelt sich um schwache
Zeichen vulkanischer Aktivitäten,
auf deren Beobachtung die Wissenschaftler seit langem hoffen.

Ausflüge auf der Rückseite

Der Rückseite des Mondes fehlt das Beste, was die Vorderseite zu bieten hat: der Blick auf die Erde. Ansonsten enthält sie keine Geheimnisse. Allerdings ist die Landschaft, aus großer Höhe gesehen, vollkommen anders als die Vorderseite. Meere und Gebirge fehlen fast völlig, es gibt ein paar viel größere Krater, aber dazwischen ausgedehnte Trümmerfelder mit einem Krater neben dem anderen.

Wegen der fehlenden Meere ist die Rückseite viel schwieriger zu befahren und weniger interessant für den Tagebergbau.

Warum die beiden Seiten so unterschiedlich sind, ist eines der vielen ungeklärten Geheimnisse des Mondes, deren Lösung Sie bei Ihrem Besuch vielleicht ein Stück näher kommen.

Touristisch wird die Rückseite, wenn überhaupt, erst später erschlossen werden. Sie ist, was die Formationen angeht, weniger abwechslungsreich als die Vorderseite, und wegen der wissenschaftli-chen Nutzung sind Besucher hier weniger willkommen als vorne.

Auf dem Mond selbst wird Ihnen die Unterscheidung zwischen Vorder- und Rückseite kaum auffallen. Irgendwann sinkt zwar die Erde hinter den Horizont, aber eine schlagartige Veränderung der Mondlandschaft findet natürlich nicht statt.

„Plötzlich taucht hinter dem Rand des Mondes in langen, zeitlupenartigen Momenten von grenzenloser Majestät ein funkelndes blauweißes Juwel auf, eine helle, zarte, himmelblaue Kugel, umkränzt von langsam wirbelnden weißen Schleiern. Allmählich steigt sie wie eine Perle aus einem tiefen Meer empor, unergründlich und geheimnisvoll. Du brauchst mehr als nur einen Augenblick, um ganz zu begreifen, daß das die Erde ist, deine Heimat."
Edgar Mitchell (Apollo 14)

Das Observatorium

Lage: 22° S, 130° E

Am realistischsten von allen anvisierten Nutzungsmöglichkeiten für den Mond ist der Bau eines astronomischen Observatoriums auf der erdabgewandten Seite des Mondes.

Sie liegt im Radioschatten der Erde, deren unzählige Strahlenquellen in allen möglichen Frequenzbereichen die Radioastronomie empfindlich stören. Auch für herkömmliche astronomische Beobachtungen in den allerfernsten Weltraum hinein ist der dicke Mond eine viel stabilere Basis als das frei im Erdorbit schwebende Weltraumteleskop Hubble.

So ein Observatorium müßte wegen der Wartung der teuren Gerätschaften dauerhaft bemannt sein. Das erscheint derzeit als der vielversprechendste Ansatzpunkt für den Beginn eines Mondtourismus.

Vereinzelte Besuchergruppen sind willkommen, wenn das Observatorium in der Mitte des Mondtages voll von der Sonne beschienen wird. Dann sind radioastronomische Messungen und Beobachtungen im optischen Bereich gleichermaßen gestört.

Freundlich empfangen werden Sie schon wegen der Sicherung der Finanzierung dieses kostspieligen Forschungsunternehmens. Sie sollen auf der Erde ja begeistert von diesem extremsten Außenposten der Zivilisation berichten.

Das *Far Side Lunar Observatory* (FSLO) ist ein einsamer, erschreckender Ort. Tief unter der Mondoberfläche, gut geschützt vor den kosmischen Strahlen, sind die Aufenthalts- und Arbeitsräume der kleinen Besatzung, und es erinnert alles etwas an die Antarktis.

Ein flacher Sekundärkrater im Inneren des gewaltigen Kraters Tsiol-

kovsky wird die mit 1,5 km Durchmesser größte Radioantenne der „Welt" enthalten. 27 Antennen mit je 50 m Durchmesser, in der Form eines riesigen Y angeordnet, bilden

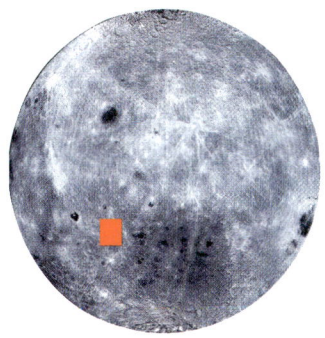

ein synthetisches Radioteleskop, mit dem die Wissenschaftler die Expansionsrate des Universums entschlüsseln wollen.

Eine andere, aus 40 Teleskopen in zwei Kreisen zusammengesetzte Riesenstruktur ist das LOUISA (Lunar Optical Ultraviolet-Infrared Synthesis Array).

Mit diesem leistungsfähigsten aller jemals gebauten Meßinstrumente hofft man, endlich Planeten benachbarter Fixsterne direkt beobachten zu können.

Andere Instrumente untersuchen das Weltall im Röntgenbereich und vielen anderen Wellenlängen. Weil keine Atmosphäre stört, sind die meisten Apparate einfach auf dem Mondboden aufgebaut.

Das Radio-Interferometer des FSLO ist mit Radioteleskopen in New Mexico vernetzt und bildet so

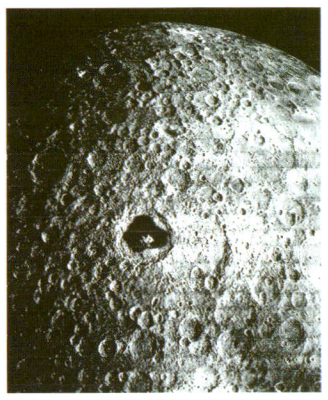

Tsiolkovsky

ein 380.000 km breites Instrument, das Moon-Earth-Radio-Interferometer (MERI), mit dem genaueste Messungen durchgeführt werden können, auf 30 Millionstel einer Bogensekunde genau.

Russland und Amerika

Lage: 40° S, 150° W
Sonnenaufgang 2,5 Tage nach dem letzten Viertel

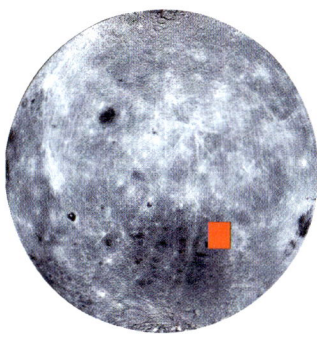

Weil es die Russen waren, die mit Hilfe der Sonde Luna 3 am 7.10.1959 erste Bilder von der Rückseite des Mondes veröffentlichen konnten, sind viele Krater der *far side* mit den Namen russischer Wissenschaftler belegt worden.

Eine besonders eindrucksvolle Formation wurde von den Russen stolz als Sowjetgebirge (Montes Sovietici) bezeichnet. Spätere amerikanische Fotos machten aber klar, daß es sich bei den sowjetischen „Bergen" um einen Übertragungsfehler gehandelt haben muß. Trotzdem weigerten sich die russischen Behörden, auf ihren Mondkarten das ominöse Gebirge wegzulassen.

Erst 1979 wurde der Streit bei einem Treffen der Internationalen Astronomischen Union beigelegt. Zum Ausgleich für das verlorene Gebirge legten die Russen eine Liste von acht neuen Kraternamen für die Mondrückseite vor.

Einer davon, der Lipsky Krater, war auf dem russischen Mondatlas als schöner runder Krater eingezeichnet. Die amerikanischen Karten zeigten an dieser Stelle aber wiederum nichts. Um die Sache nicht eskalieren zu lassen, einigten sich die weisen Astronomen, die ominöse Stelle auf dem Mond Lipsky-Ebene zu nennen.

Eine Landschaft von etwa 100 Kratern, gelegen inmitten eines eingestürzten Riesenkraters von fast 500 km Durchmesser, wurde zur Ehrung der amerikanischen Mondlandeerfolge von der IAU zu einer Art US-Gedenkstätte erkoren.

Der Riesenkrater heißt Apollo, und die kleinen Krater der Astronauten Anders, Borman, Chaffee, Grissom, Lovell und White sind dort in trauter Runde vereint. Kaum denkbar, daß bei Ihrem Flug zum LFSO diese Sehenswürdigkeit ausgelassen wird.

Gagarin

Das Moskauer Meer

Lage: 25° N, 150° E
Sonnenaufgang 4 Tage nach dem letzten Viertel

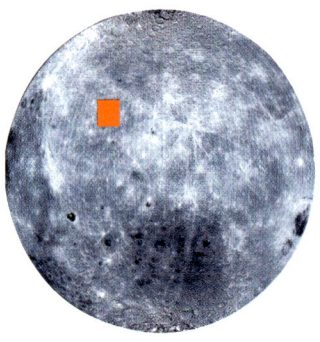

Eines der wenigen Meere auf der Mondrückseite hat ungefähr die Form einer Acht und entstand aus der Lava-Überflutung zweier ineinandergestürzter Krater. Das über 300 km breite Meer liegt, zusammen mit mehreren nicht überfluteten Kratern, inmitten eines noch größeren Kraters mit weitgehend zerfallenem Wall. Im Moskauer Meer (Mare Moscoviense) ist ein mächtiger Einzelkrater, der nach dem Kosmonauten Titow benannt wurde. Seinem Kollegen Wladimir Komarow ist ein großer Krater gewidmet, der direkt östlich des Moskauer Meers angrenzt. Komarow starb am 23. April 1967 mit Sojus 1. Wie heute bekannt ist, taumelte seine Raumkapsel mehrere Erdumläufe lang hilflos durchs Weltall. Beim Öffnen des Fallschirms verdrillten sich die Seile, und die Kapsel fiel wie ein Stein zu Boden. Komarow war das erste Opfer eines bemannten Raumflugs.

Die Ostsee

Lage: 20° S, 90° W
Sonnenaufgang 3 Tage vor Vollmond

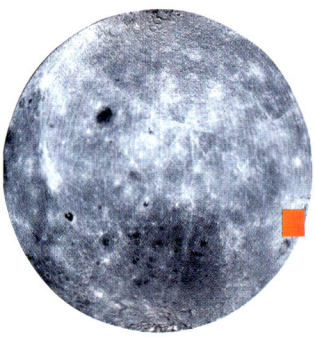

Das Mare Orientale, 300 km im Durchmesser, liegt auf der Grenze zwischen Vorder- und Rückseite und kann wegen der Libration manchmal bis zu seiner Hälfte von der Erde aus als total plattgedrückte Fläche beobachtet werden.

Die Schönheit dieses allergrößten und vermutlich jüngsten Kraters sehen Sie beim Überfliegen. Zwei riesige konzentrische Kreise, der äußere mit über 1.000 km Durchmesser, bilden die eindrucksvollste und am leichtesten identifizierbare Struktur der Mondoberfläche. Vom Mondboden aus bilden die Wälle eine schwer zu überwindende Barriere.

Rückreise

Abschiedsrituale

Eugene Cernan von Apollo 17 sprach am 14. Dezember 1972 die offiziellen letzten Worte auf dem Mond: „Wir verlassen den Mond so, wie wir kamen, und – wenn Gott es will – werden wir auch so zurückkehren: In Frieden und Hoffnung für die gesamte Menschheit. Eine glückliche Reise wünscht die Mannschaft von Apollo 17!"

Als er aber die Tür geschlossen hatte, waren im Kontrollzentrum deutlich seine letzten inoffiziellen Worte zu hören: „Let's get this mother out of here!" („Schauen wir, daß wir die alte Dame von hier weg bekommen!").

So wird es Ihnen auch gehen: Hehre Gedanken der Dankbarkeit, große Gefühle, und zugleich den guten alten sicheren Instinkt, endlich heil von diesem lebensfeindlichen Ort wegzukommen.

So großartig Ihre Tage auf dem Erdbegleiter auch gewesen sein mögen, eine Münze würden Sie hier vermutlich nicht in den Brunnen werfen, selbst wenn es einen gäbe. Keiner der Apollo-Astronauten hatte je die Sehnsucht, wieder zum Mond zurückzukehren.

Jetzt überwiegt einfach die Freude, nach Hause zu fliegen. Das schmerzhafteste Heimweh, das Sie sich vorstellen können.

Start vom Mond

Verglichen mit dem riesigen Aufwand des Starts von der Erde ist der Abflug vom Mond eine prosaische Angelegenheit. Etwas wackelig hebt das Gestell ab, beschleunigt dann aber kraftvoll und bringt Sie auf 5.400 km/h, bis sie wieder in der Mondumlaufbahn sind. Dort be-

ginnt die Schwerelosigkeit wieder, und die erfahrenen Apollo-Profis raten dringend, das Visier des Helms geschlossen zu halten.

> „Jetzt weiß ich, warum ich hier bin. Nicht um den Mond aus größerer Nähe zu sehen, sondern um zurückzuschauen auf unsere Heimat, die Erde."
> *Alfred Worden (Apollo 15)*

Mondstaub und aller mögliche andere Dreck, der auf einem nicht betonierten Startplatz unvermeidlich ist, schwebt durch die Fähre.

Es folgt das Koppelungsmanöver mit der Mondraumstation, verbunden mit der Hoffnung, daß Ihr LTV für die Rückreise dort auch wirklich

bereitsteht. Die Rückkehrzündung ist recht lang, aber glatt und stark beschleunigend.

Nun blicken Sie mit anderen Augen auf den Mond, wenn Sie die gelb-schwarze Kraterlandschaft betrachten. Mit Genugtuung werden Sie feststellen, daß die „nackerte Kugel" recht schnell kleiner wird und allmählich die Anziehungskraft der Erde nach Ihnen greift.

Auf dem Rückflug, der ebenso wie die Hinreise zweieinhalb Tage dauert, werden Sie sich wie ein alter Hase im All fühlen. Die Handgriffe an Bord sind vertraut, und Astronauten berichten, daß einem das enge Raumschiff im Laufe der Zeit immer größer vorkommt.

Durch die Strapazen der Reise, die veränderte Nahrung und die Auswirkungen der geringeren bzw. gar nicht vorhandenen Schwerkraft haben Sie höchstwahrscheinlich auch 1–3 kg abgenommen. Nicht er-

> „Den größten Teil der Heimreise verbrachten wir mit Diskussionen, welche Farbe der Mond denn nun habe."
> *Eugene Cernan (Apollo 10, 17)*

schrecken, wenn Sie die Erde näherkommen sehen – wenn Sie nur eine schmale Sichel davon sehen, sieht sie aus dem All dem Mond ähnlich. Es hat die Raumfahrer immer wieder verblüfft, daß die Erde die gleichen Phasen zeigt wie der Mond. Wir haben vorwiegend das Bild der kreisrunden, leuchtend blau-weißen „Vollerde" vor Augen, aber in der Realität des Weltraums ist diese Form ja nur relativ kurz zu sehen.

Die Andockmanöver an die Raumstation und das Umsteigen in das Shuttle kennen sie schon. Nun aber folgt ein weiterer sehr riskanter Teil Ihrer Reise.

Lange Landung

Vorbereitungen

Etwa sechs Stunden vor der Landung müssen Sie einen Antischwerkraftanzug anlegen: eine Art doppelschichtige Strumpfhose, die mit einer kleinen Druckluftflasche aufgeblasen werden kann.

Der natürliche Blutdruckausgleich Ihres Körpers war während der Schwerelosigkeit weggefallen. Zurück auf der Erde, können sich die Blutgefäße nicht schnell genug umstellen. Venenschäden und starke Schmerzen wären die Folge, würden Sie nicht mit dem Spezialanzug künstlichen Druck auf die unteren Extremitäten ausüben.

Danach besteigen Sie wieder Ihren Konturensitz, schnallen sich fest und erwarten den Stoß der zweieinhalb Minuten langen Bremszündung. Für diese Dauer herrscht vorübergehend Schwerkraft im Shuttle, und Sie werden sich wundern, wie viele unbefestigte Gegenstände sich bei dieser Gelegenheit bemerkbar machen.

Eintritt in die Atmosphäre

Eines der physikalischen Grundprobleme jedes Weltraumfluges ist die Rückkehr in die Erdatmosphäre. Mit 28.800 km/h taucht ein Raumfahrzeug in die obere Schicht der Lufthülle ein. Die bremsende Wirkung der Atmosphäre führt zu einer so übermäßigen Erhitzung, daß dabei jeder Werkstoff, auch Stein oder Metall, verdampft. Zugleich wird durch diese Verdampfung das Raumschiff selber geschützt.

Diese sogenannte Schmelzkühlung muß genauestens kontrolliert erfolgen, bevor der ganze Schutz weggebrannt ist.

Dazu wird das Shuttle in einem flachen Winkel gehalten, damit die Hitze kontrollierbar bleibt (zwischen 1.000 Grad Celsius an den Flügeln und 1.600 Grad an der Spitze).

Es kommt also immer zu einem Verlust von Material, und beim Space Shuttle muß der Hitzeschild nach jeder Landung erneuert werden. Er besteht aus 21.000 Kacheln aus Carbon-Silikatschaum, die bis zu 10 cm dick sind. Die langwierige Prozedur des Auswechselns ist der Hauptgrund, warum Space Shuttles niemals im Non-Stop-Betrieb eingesetzt werden können.

Kritisch ist die Befestigung der Kacheln. Sind auch nur ein paar davon beschädigt, brennt die Hitze

beim Wiedereintritt ein Loch in das Shuttle, der Sauerstoff entweicht, und die Temperatur im Raumschiff wird unerträglich.

Etwas ähnliches ist den drei Kosmonauten von Sojus 11 am 30. Juni 1971 passiert: Ein Sauerstoffventil war während eines Koppelvorgangs im All beschädigt worden, und in der Hitze des Wiedereintritts entwich der Sauerstoff schneller, als die Klimaanlage neuen bereitstellen konnte. Als die Kapsel in der kasachischen Steppe landete, waren die drei Insassen tot.

Durch die starke Erhitzung werden die Luftmoleküle ionisiert, und für etwa 25 Minuten fällt der Funkverkehr aus. Für Bodenstation und Piloten gehören diese bangen Minuten zur unangenehmsten Phase des Unternehmens.

Die Bremsphase

Allmählich werden Sie Ihrem Antischwerkraftanzug dankbar sein, denn während der Bremsphase erhöht sich Ihr Körpergewicht um das Zweifache.

Als nicht in Zentrifugen trainierter Passagier haben Sie in den nächsten 10 Minuten ganz schön zu kämpfen. Das Gesicht verzerrt sich zu einer Grimasse, Sprechen und Atmen fällt spürbar schwer. Von der immensen Temperatur der Außenhaut spüren Sie fast nichts, aber das Sausen und Rauschen der Luft ist deutlich hörbar.

In einer Höhe von knapp 100 km ist der stärkste Bremsvorgang zu Ende, bis zur Landung wird noch eine halbe Stunde vergehen.

Die Lufthülle hat jetzt fast 95 Prozent der Bewegungsenergie des

„Ich hätte mir gewünscht, daß die Menschen mich nach meiner Rückkehr gefragt hätten, wie es mir dort ergangen ist. Wie ich mit der glitzernden Schwärze der Welt fertig geworden bin, und wie ich mich gefühlt habe als Stern, der die Erde umkreist."
Reinhard Furrer, deutscher Astronaut (Challenger 9)

zuvor unglaublich schnellen Raumfahrzeugs vernichtet. Aber immer noch fliegen Sie mit gut 4.000 km/h und fallen mit 50 m pro Sekunde der Erde entgegen, wobei die Luft fortwährend bremst und die glühendheiße Außenhaut nur langsam abkühlt.

In 4.300 m Höhe, bei einem Tempo von 530 Stundenkilometern, beginnt der eigentliche Landeanflug. Die Piloten sehen die Piste als schmalen Strich, wobei die Landung nur bei bestem Wetter erfolgen kann.

Die Landung

Das Aufsetzen eines Space Shuttle sieht ungleich eleganter aus als die Landungen der früheren Raumkapseln im Wasser oder auf dem Land.

Dennoch ist sie neben dem Start der gefährlichste Teil Ihrer Reise. Das Shuttle funktioniert in der Landephase wie ein höchst eigenartiges Segelflugzeug.

Ohne Antrieb gleitet das 80 Tonnen schwere Gerät computergesteuert in einer steilen Bahn auf verhältnismäßig winzigen Flügeln herab, und die Aufsetzgeschwindigkeit von über 300 km/h würde jeden Segelflieger in Panik versetzen.

Außerdem ist sie ein Meisterstück der Navigation: Der Abbrems-

vorgang in die Atmosphäre beginnt in der Weite des Weltalls, in der Eintauch- und Hitzephase sind Kurskorrekturen kaum möglich, und dann rast mit großer Geschwindigkeit die im Vergleich zum Weltall winzige Landebahn heran. Kursänderungen sind für den segelnden Riesen auch jetzt nur in begrenztem Umfang möglich.

Das Fahrwerk kann aus aerodynamischen Gründen erst im letzten Augenblick ausgefahren werden. Bremsfallschirme kommen wegen des hohen Gewichts des Shuttle nicht in Frage, und die bei Jets übliche Schubumkehr der Triebwerke ist im Segelbetrieb unmöglich.

Deswegen braucht das Shuttle enorm lange Landebahnen. Derzeit gibt es weltweit nur vier: Cape Kennedy in Florida, eine Betonpiste in der kalifornischen Luftwaffenbasis Edwards, eine 9 km lange Salzpiste in der Mojave-Wüste, und eine im russischen Kosmodrom in Baikonur. Als Notlandeplätze in Europa hat man die zivilen Flughäfen in Köln und Barcelona ausgewählt.

Das Segel-Shuttle ist sehr empfindlich gegen Seitenwind und regennasse Piste. Oft mußten Shuttle-Landungen deshalb auf eine andere Landebahn verlegt oder um mehrere Stunden verschoben werden.

Wenn Ihr Raumschiff also glücklich auf der Erde angekommen ist, gibt es wahrhaft Grund zum Feiern. Dafür ist auch Zeit, denn vor dem Ausstieg müssen die hochgiftigen Treibstoffdämpfe sorgfältig abgesaugt werden.

Das dauert etwa eine halbe Stunde, und dann endlich sind Sie am eigentlichen Ziel Ihrer Reise angelangt: der Erde.

Die Floridastraße

Zu Hause!

An der Treppe werden Sie sich ganz schön festhalten müssen, wenn Sie in die Kameras lächeln. Ihre Beine sind die Schwerkraft nicht gewöhnt, und Ihr Kreislauf spielt verrückt.

Das Shuttle strahlt immer noch enorme Hitze ab und Sie sollten sich hüten, dem Gefährt dankbar über die Karosserie zu streicheln.

Als erstes erwartet Sie eine gründliche medizinische Nachuntersuchung. Den Antischwerkraftanzug werden Sie noch einige Tage tragen müssen, und erst nach einer ausführlichen Abschlußuntersuchung dürfen Sie sich wieder ohne Hilfsmittel an das normale Leben auf der Erde gewöhnen.

Sie werden viel erzählen müssen. Sie werden von Verwandten und Journalisten ausgefragt. Zugleich

„Wenn du nach Hause kommst, ist die Welt anders geworden. Geändert hat sich die Beziehung zwischen dir und diesem Planeten, zwischen dir und all den anderen Lebensformen hier. Denn du hast diese Erfahrung da draußen gemacht. Es ist ein Unterschied, und er ist unendlich wertvoll."
Russell Schweickart (Apollo 9)

fühlen Sie sich in gewisser Weise wie ein Eindringling von einem fremden Stern. Ähnlich wie nach einem langen Auslandsaufenthalt staunen Sie über Selbstverständlichkeiten und brauchen nach der Erfahrung extremer Einsamkeit auch immer wieder Zeit für sich. Planen Sie für die Wochen nach der Landung also keine großen Unternehmungen.

»Viel Vergnügen, Mr. Gorsky!«

Service

Leseempfehlungen

Karten

Zur Einstimmung brauchen Sie einen guten Mondatlas. Beste Erfahrungen habe ich gemacht mit Antonin Rükl, *Mondatlas,* Verlag Werner Dausien, Hanau 1990.

Das in Prag entstandene Werk ist gedacht für irdische Beobachter und zeigt deswegen nur die Vorderseite des Mondes, und zwar in der entsprechenden perspektivischen Verzerrung. Im Anhang gibt es aber besonders sehenswerte Mondplätze mit schönen Fotos, die von Mondsatelliten aufgenommen wurden.

Grundsätzlich beide Mondseiten dagegen enthalten Mondkarten. Schön groß (1:5 Mio.) ist die Hallwag Space Map *Der Mond*, Hallwag Verlag Bern, 1997. Die Darstellung der Mondrückseite ist aber enttäuschend grob.

Schöner im Detail ist die kleinere (1:12 Mio.) Karte von Hellmuth Wolf, *Kosmos-Handkarte Erdmond,* Franckh Verlag, Stuttgart 1985. Der noch aus DDR-Zeiten stammenden Karte liegt ein komplettes Handbuch mit allen Kraternamen bei.

Der Columbus-Mondglobus

Mondglobus

Noch besser als ein Mondatlas eignet sich ein Mondglobus, um die interessanten Plätze und Krater des Mondes vorab zu erkunden. Der Columbus Verlag, Columbus-Haus, 72505 Krauchenwies bietet einen Mond-Leuchtglobus, der einen umfassenden Überblick über die Vorder- und Rückseite des Mondes gibt. Alle wichtigen Krater und Plätze sind beschriftet.

Lexika

Fakten, Fakten, Fakten zum geologischen Aufbau des Mondes, zusammen mit vielen anderen Einzelheiten, die ein Weltraumtourist als Basiswissen braucht, enthält der dtv-Atlas zur Astronomie, dtv Verlag, München 1996.

Ein präzises Nachschlagewerk für die Geschichte der Raumfahrt und der Sternenforschung ist Harenberg Schlüsseldaten der Astronomie, Harenberg Verlag, Dortmund 1996.

Subjektives

Das schönste Buch über den Weltraum, den Mond, aber vor allem die Erde dürfte dieser Riesenband sein: Kevin Kelly/ASE, *Der Heimatplanet,* Zweitausendeins, Frankfurt, viele Auflagen seit 1989.

Ein weiterer Bildband der Edelklasse zum Thema stammt vom deutschen Astronauten Ulrich Walter, *In 90 Minuten um die Erde*, Stürtz Verlag, Würzburg 1997. Neben intensiven Informationen und packenden Schilderungen der psychischen Situation während eines Raumflugs beschreibt Walter als besonderes Highlight die Reisekostenabrechnung ans Bundesfor-

Das Auge eines Hurrikans

schungsministerium nach der Heimkehr (Kilometergeld nach BAT für 6,7 Mio. Flug-km!).

Hervorragend zur Einstimmung in die Raumfahrt – ohne jede Beschönigung – ist Josef Pointner, *Mit dem Raumgleiter ins 21. Jahrhundert*, Bernhard und Graefe Verlag, Koblenz 1990.

Eine umfassende Übersicht über die Erforschung des Mondes, von Apollo bis zu den neuesten Ergebnissen der Mondgeologie bietet Paul D. Spudis, *The Once and Future Moon*, Smithsonian Institution Press, Washington D.C. 1999.

Utopisches

Eine reichlich futuristische Mondreise mit allen touristischen Raffinessen beschreibt Carl Koppeschaar, *Moon Handbook, a 21st-Century Travel Guide,* Moon Publications, Chico, California, USA 1995. Das 1993 in den Niederlanden und danach in USA erschienene Handbuch ist mit einem Vorwort versehen, das

im Juni 2020 in Moon City auf dem Mond geschrieben wurde.

Eine in die Tiefe gehende Zusammenstellung der Zukunftsprojekte im All, vor allem auf Mond und Mars, bietet Richard S. Lewis, *Space in the 21st Century,* Columbia University Press, New York, USA 1990.

Adressen

Wenn Sie Kontakt aufnehmen wollen zu ehemaligen Astronauten, vermittelt die NASA Ihre Post weiter:
Astronaut Office/CB
NASA, Johnson Space Center
Houston, TX 77058, USA

Einige Raumfahrer antworten Ihnen eventuell auch direkt, wenn Sie einen frankierten Rückumschlag beilegen:
Dr. Buzz Aldrin
Starcraft Enterprise
233 Emerald Bay
Laguna Beach, CA 92651, USA

Neil A. Armstrong
P.O. Box 436, Lebanon, OH 45036, USA

James A. Lovell
President, Lovell Communications
PO Box 49, Lake Forest, IL 60045, USA

Dr. Sally K. Ride
Director, California Space Institute
University of California at San Diego
La Jolla, CA 92093, USA

Wenn Sie sich für Astronautenmenüs interessieren und z.B. eine zünftige Space-Party ausrichten wollen, wenden Sie sich an die Hersteller dehydrierter Weltraumlebensmittel:
Oregon Freeze Dry Inc.
P.O. Box 1048344
Albany, OR 97321, USA

Action Products Inc.
344 Cypress Road
Ocala, FL 34472, USA

Mond online

Wenn Sie sich frühzeitig und intensiv in die Weltraumszene einfühlen möchten, kommen Sie um einen Internet-Anschluß nicht herum. Das Angebot von Informationen zum Thema Raumfahrt ist enorm. Viele Publikationen, vor allem aus den USA, erscheinen gar nicht mehr in Schriftform, sondern sind nur noch als Datensätze vorhanden.

Zugleich können Sie über das Internet schnell und unkompliziert mit Spezialisten aus der ganzen Welt Kontakt aufnehmen.

Eine kleine Auswahl an interessanten Internet-Adressen. Beherzigen Sie beim Surfen den alten Internet-Grundsatz und wundern Sie sich über gar nichts.

www.nasa.gov/
Die offizielle NASA-Homepage. Von hier aus können Sie stundenlang durch Geschichte, Gegenwart und Zukunft der amerikanischen Raumfahrt surfen. Besonders liebevoll gemacht ist die FAQ-Sektion („häufig gestellte Fragen").

www.ksc.nasa.gov/
Das Kennedy Space Center.

www.hq.nasa.gov/alsj/frame.htm
Eine der zahlreichen Stellen, an denen ausführliche Artikel über alle bisherigen Mondmissionen zu finden sind, zum größten Teil genehmigte Abdrucke aus dem Apollo Lunar Surface Journal. Dazu Bilder von allen Missionen, sogar ein paar Videofilme können heruntergeladen werden.

www.nrl.navy.mil/clementine/clib/
Ein erstklassiger Service der US-Marine: Mit dem „Clementine Lunar Image Browser 1.5" können Sie nach Eingabe der Koordinaten die hervorragenden Mondfotos der Sonde Clementine anschauen. So komplett und kostenlos gab es den Mond noch nie.

www.xprize.org
10 Millionen Dollar und eine eineinhalb Meter hohe Trophäe hat die Organisation X-Prize für dasjenige private Unternehmen ausgelobt, das als erstes einen erfolgreichen bemannten Weltraumflug durchführt. Die Idee ist nicht neu: Mit einem ähnlichen Preis war in den 20er Jahren des 20. Jahrhunderts die interkontinentale Luftfahrt beflügelt worden, gewonnen hat dann 1927 ein gewisser Charles Lindbergh,

Nordseeküste

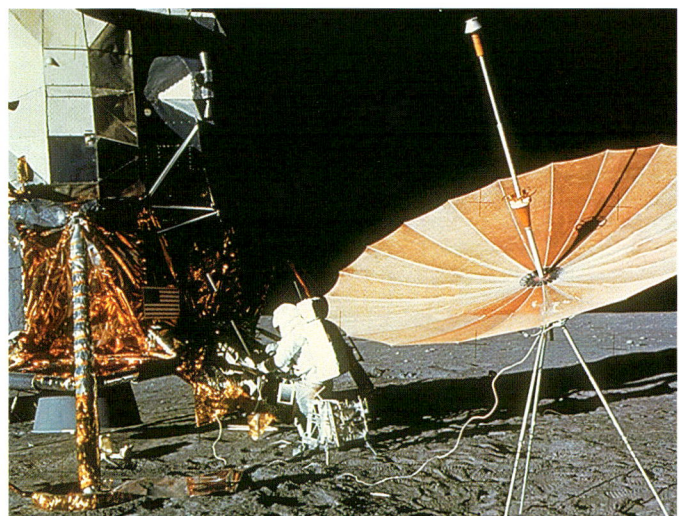

dem der erste Alleinflug von USA nach Europa gelang. Gut 10 ehrgeizige Bewerber für den kommerziellen Spacetrip listet die Homepage bereits auf und ist damit die beste Adresse, um den aktuellen Stand des Weltraumtourismus abzufragen.

www.buzzaldrin.com
Der zweite Mann auf dem Mond hat eine eigene Homepage, und zwar eine besonders schräge. Aldrin möchte im Stil einer „amerikanischen Versteigerung" den Mondtourismus ankurbeln. Hoher Erstaunlichkeitsfaktor.

www.asi.org/
„Zwölf Menschen waren auf dem Mond. Wann brechen Sie auf? Das Artemis Projekt bringt Sie hin!" Sehr, sehr optimistisch, aber mit viel Sachverstand werden hier auf hunderten von Seiten alle Feinheiten der Kolonisation des Mondes diskutiert.

www.museum.ru/Kosmonav/ Exp1e.htm
Ein Rundgang durch das Moskauer Museum für Weltraumfahrt mit Beschreibungen in sympathischem Russki-Englisch („Apparatuses in the sunny system").

http://www.pizzahut.com
Bei dem inoffiziellen Wettbewerb „wer ist der größte Weltraumsponsor im Land?" hat sich die US-Pizzakette weit nach vorne geschoben: Auf der weltgrößten Rakete, der russischen Proton, soll groß das rotschwarze Pizzahut-Logo prangen, wenn sie die ersten russischen Komponenten der Internationalen Raumstation ISS in den Orbit befördert. Bei der zweiten russischen Fuhre, bei der es zu einem ersten Treffen zwischen amerikanischen und russischen Raumfahrern kommen soll, wird Pizzahut für die Bordverpflegung sorgen. Eine speziell für die durch die Schwerelosigkeit veränderten Astro-Geschmacks-

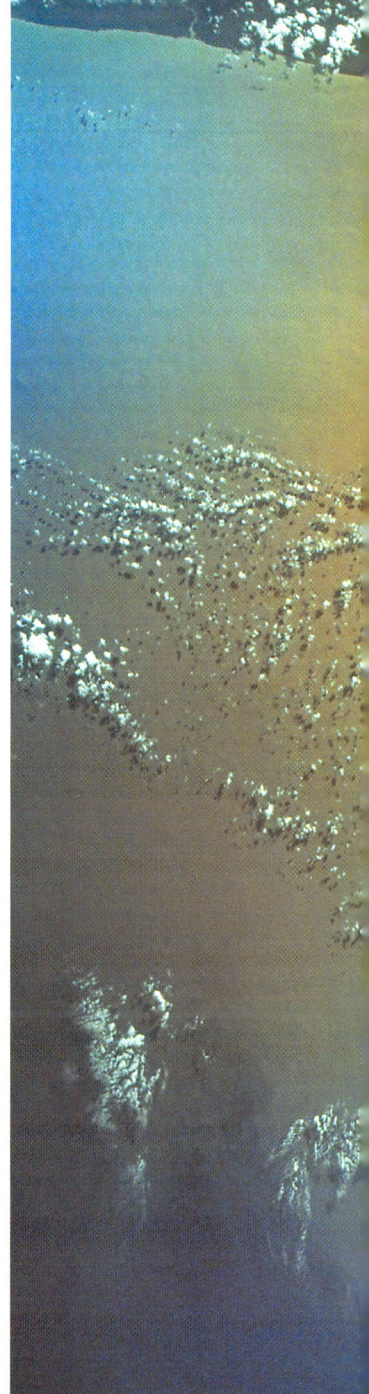

nerven entwickelte Space-Pizza soll laut Firmenchef Mike Rawlings dafür sorgen, daß „Pizza Huts Pizza das beliebteste Essen im Weltraum wird". Auf dieser Homepage können Sie sich also schon ganz gut auf das Futter einstellen, das Ihnen bei Ihrer Mondreise blüht.

www.interglobal.org/isl/ isl_home.html
Hinter dieser Adresse verbirgt sich eine Art Weltraum-Reisebüro. Zumindest im Internet hat das Zeitalter des Mond- und Marstourismus längst begonnen. Auch per Post zu erreichen:
Interglobal Space Lines, Inc.
PO Box 8947
Jackson, WY 83001, USA
Tel. 001-307-739-1296
Fax 001-307-733-1391

www.incredible-adventures.com/
Noch ein Reiseveranstalter, der sich auf Weltraumfans spezialisiert hat. Er vermittelt die russischen Zero-Gravity-Flüge, Training in verschiedenen Spacecamps und extreme Düsenjäger-Abenteuer. Per Post:
Incredible Adventures, Inc.
6604 Midnight Pass Road
Sarasota, FL 34242, USA

spaceflight.nasa.gov/realdata/ sightings/index.html
Falls Sie Ihr Fernrohr spaßeshalber einmal auf Ihr zukünftiges Verkehrsmittel, ein vorbeifliegendes Space Shuttle, oder die internationale Raumstation ISS richten wollen – hier finden Sie die Startpläne und genauen Überflugzeiten für die einzelnen Kontinente.

Indischer Ozean

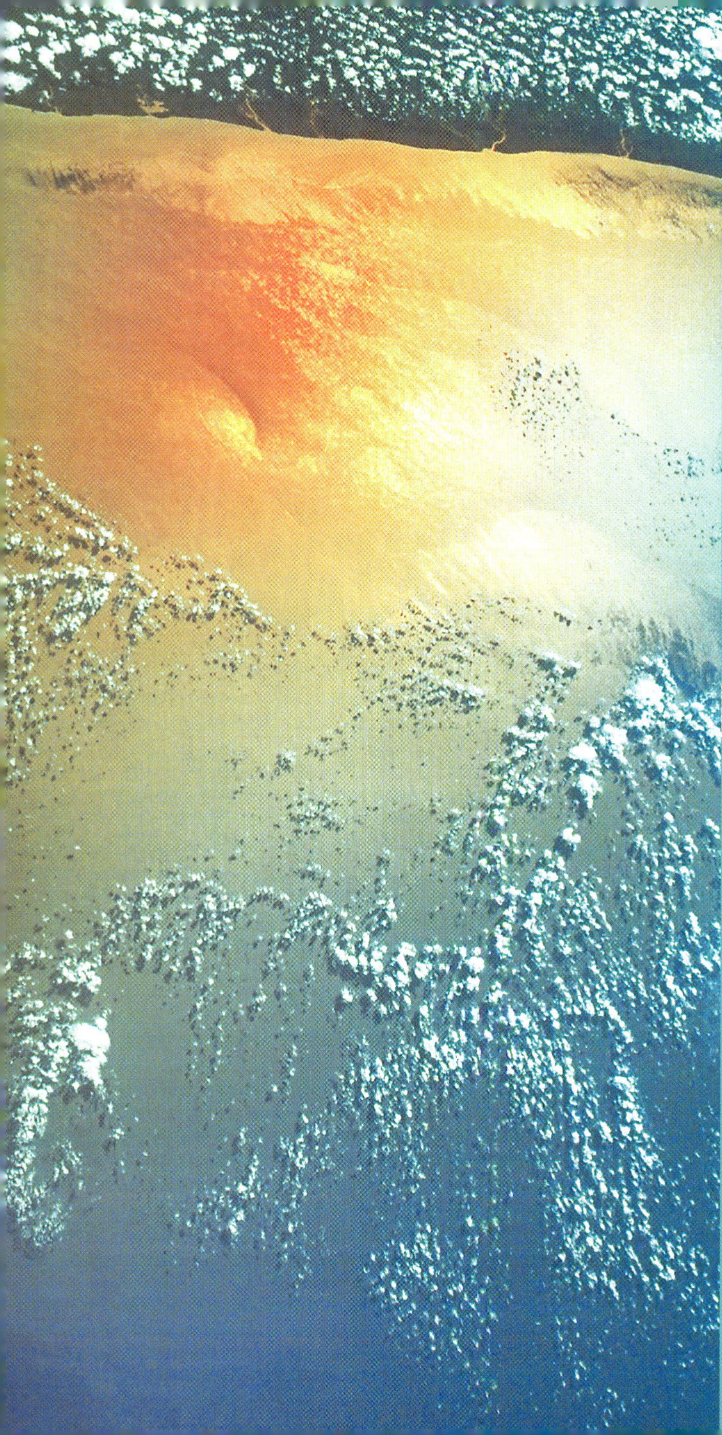

Stichwortverzeichnis

Erdverbunden

Reiseführer aus dem Koval Verlag
Jeder Band 144 Seiten

Atlanta
ISBN 3-931464-00-8

Las Vegas
ISBN 3-931464-01-6

Kaliforniens Küste
ISBN 3-931464-10-5

New York
ISBN 3-931464-12-1

Die Disney-Parks
ISBN 3-931464-23-7

Hongkong
ISBN 3-931464-05-9

Singapur
ISBN 3-931464-03-2

Kuala Lumpur/Malakka
ISBN 3-931464-04-0

Sydney
ISBN 3-931464-18-0

Stuttgart
ISBN 3-931464-09-1

Schwäbisch Hall
ISBN 3-931464-07-5

Heilbronn
ISBN 3-931464-29-6

Berlin
ISBN 3-931464-27-X

München
ISBN 3-931464-91-1

Frankfurt
ISBN 3-931464-16-4

Hannover
ISBN 3-931464-19-9

Fränkisches Seenland/Altmühltal
ISBN 3-931464-11-3

London
ISBN 3-931464-25-3

Paris
ISBN 3-931464-24-5

Rom
ISBN 3-931464-28-8

Wien
ISBN 3-931464-26-1

Reiseknigge Asien
ISBN 3-931464-14-8

Reisen in den USA
ISBN 3-931464-08-0

Shopping in den USA
ISBN 3-931464-13-X

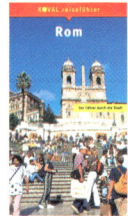

http://www.koval.de Der Koval Verlag
im Internet: Infos – Verlagsprogramm –
Direktbestellung
http://www.mondshop.de Alles zum
Thema Mond: Mondgrundstücke – Tikis
Fan-Seite (Cartoons, T-Shirts) – Mond-
Links